# カタカムナが解き明かす 雌雄の秘密

## 宇宙が決めた「絶対的な男女のあり方」

# はじめに

現在、地球は全体を悩ませている疫病・自然災害・戦争と、文明の危機といわれる時代を歩んでいます。しかし日本には、この危機の予言書も解決書も残されていました。しかしそれらの古文献は十年前も今もまだ偽書だと考えている人々が多く古事記・日本書紀を文字の始まりと考えている人も多いのです。しかしここ五年～十年の間に山程ある古文献が急速に研究の対象としての歩みに変ってきています。

そんな偽書といわれた膨大な古文献の中で最も古く最も日本人の根底の哲学の土台となっているのがカタカムナです。カタカムナウタヒは、八鏡文字といわれる符号のような文字で書かれたカタカムナ文献といわれています。世界一古く、しかも現在もその音思念が日本語の中でそのまま使われています。

1万2000年前、脳の働きが全開していた時代（現代人の脳は数パーセントしか使われていないという学説あり）の人間の感受性によって作られた48音の五七調、80首の歌からなり昭和時代、楢崎皐月（ならさきこうげつ）という物理学者が解読したものです。

カタカムナウタヒの内容は初めから終わりまで一貫して哲物理学ですが、現代の物理学とはかなり異なっています。

登場人物が出てきたり、その人の功績がまとめられたりする歴史書でもなく、出来事の記録、小説、手紙でもなく、完全な宇宙の成り立ち、人間の生き方など摂理を説明しています。

この摂理の内、男女の創造の原理を現代において理解しやすいようにわかりやすく書いたのが本書です。

現代の行き詰まりは、人間脳が急激に便利、合理性を求める方向に進んだため、人間の生物脳の劣化によって大切な部分を欠落させたことによって起こっています。欠落したものは何だったのか、何を間違えたのか。それに気づけば、まだ間に合うかもしれません。

現代に生きる私たちが、かつて戦いもなかった世界の奇跡といわれるなぞの縄文時代は現代より、はるかに高い理想社会を築き、高度な科学文明をもち天然自然と調和し、その摂理の中で人々は暮らしていて決して原始的な社会ではなかったという現実が現代科学や発掘調査により明らかになってきました。そこで、日本にのみ存在する、その古代文明には世界的関心と研究がされ始めました。そのなぞときを解読者の指名された唯一の後継者宇野多実恵女史の直弟子として解読者の伝承を出来るだけ正確に残したいと伝承組織をつくる活動中です。縄文時代のような平穏無事な暮らしへ向かって少しでも進み始めることができるようになればと思い、ペンを取りました。

万物存在の根源の力（チカラ）であるカムココロ（潜象界）、アマココロ（現象界）を皆が知る。そのココロの実現化に向けて走り始めれば、人間はまだ地球に住み続けられる可能性を残しています。その希望を実現可能にしていくために、本書を世に問いたいと思います。

天野　成美

もくじ

## 第2章　天然自然の夫婦のあり方 45

## 第3章　男女における子育ての違い　69

# 第1章　万物には雌雄がある

## ●宇宙はなぜ「陰」と「陽」から出来ているのか

私たちは生物学で習っているので、人間や動物、植物などに雌雄（しゆう）があることはよく知っています。

しかし、アメーバなどには雌雄がわからなかったり、蜂のように大半はメスで、出産は女王蜂のみといった昆虫もいます。

（※蜂について知識を紹介するのが目的ではありません。雌雄の例示の一つとして挙げてあるだけです。ここを正しく説明しようと踏み込んでいくと、論点がかすんでしまいます）

生物以外のものに対しても雌雄の区別をすることがあります。フランス語では月は女性であり、太陽は男性というようにすべての名詞に性別があります。ペンは男性名詞、机は女性名詞、パソコンは男性、車や船は女性、空は男性、学校は女性です。英語には、男女の区分は生物以外の名詞にはありません。日本人には、物質に対して雌雄や男女の区別をする感性は全くありません。

それはともかくとして、生物はほとんど雌雄に分かれています。なぜ生物にこのような雌雄の区別があるのでしょうか。それは、宇宙の森羅万象が陰陽の法則にもとづいて作られているからです。

私たちの住む地球、まわりに広がる宇宙には幾つかの法則が働いていて、生成・発展・消滅の現象が繰り返されています。そのなかの一つが「陰陽の法則」です。

陰と陽の例を挙げると、天地、太陽と月、昼夜、強弱、善悪、男女、寒暑、大小などがあります。私たちが経験する喜びや悲しみ、損得、勝ち負け、成功失敗、メリット・デメリットなども陰と陽の例です。

陰も陽もどちらがよく、どちらが悪いというものではありません。対極するものがそれぞれ逆の性質を持ち合わせ、対（つい）をなし、バランスを取って交互にあらわれたり、その2極があって調和しているという性質のものです。

陰であっても陽の性質があり、陽の中にも陰の性質を含むという場合もあります。男性にも女性ホルモンが存在し、女性にも男性ホルモンが存在します。その含まれる割合はまさに十人十色で、その結果、性質の違いが表われたりします。

目に見えない世界にも、目に見える世界にも、この陰陽の法則がはたらいています。陰はネガティブなものではなく、陽の暴走を抑制するはたらきをするときもあり、バランスを取るために人生や世の中に必要なものでもあります。

陰が陽になったり、陽が陰になったりすることは、よくあることです。病気になっても、それでかえって健康に気をつけ、長生きすることもあります（一病息災）。不況は苦しいことですが、そのときに節約に心がけ、営業力を強化すると、好況時代になったとき、かえってそれが生きてきます（不況もまた良し）。

何が良くなり、何が悪いのかは、あとになってみないと判断できないわけです。

すべての事柄に陰陽の法則が成り立っていることを理解すると、悪いように見えても良い一面もあることがわかり、現実世界が生きやすくなったりします。良い悪いに振り回されなくなり、変化に柔軟に対応でき、軽やかに生きることができます。人生をより良く、豊かに生きるためには宇宙の法則に対する賢明な洞察が必要です。

## ●生物はほとんどが男と女に分かれている

人間は男と女に分かれていますが、人間だけではなく、ほかのたくさんの動物もオスとメスに分かれています。また植物も雄花と雌花があったり、一つの花に雄しべと雌しべがあったり、オスとメスのようなものに分かれています。

その理由は、子孫を残すために都合がいいからです。というより、雄と雌がいなければ子孫が残せないからといったほうがいいかもしれません。

ではなぜ、子孫を残さなければいけないのか、ということになります。それは、宇宙が進化するために必要なのです。

カタカムナウタヒ（80首）には、生命は生成して変遷、発展をとげ、繁栄することが宇宙のコトワリ（理）だと書かれ、これが宇宙の根本原則であると言っています。

このために生き物は自分たちと同じ生類（仲間）がいつまでも続いていくように、遺伝子を子供に渡して、次々と時代を生きていくわけです。こういう理由で人間は男と女に分かれるようになりました。

カタカムナ語では、男と女は「オトコ」「オンナ」ではなく、「アワ（女）」「サヌキ（男）」と言います。ただし、女・男の意味だけに限定されず、女の性質をもつもの全般をアワといい、男の性質を持つもの全般をサヌキと呼びます。

カタカムナでは、すべてのことは四相で成り立つというのが基本的な考えですから、すべての人間は男性性と女性性が重なってその分量の多さによって4つの種類があると考えます。

男（サヌキ）の中にも女性性（アワ）があり、女（アワ）の中にも男性性（サヌキ）があり、さらにその割合が違います。大きく分けると、

（1）男で女性性が多い（やさしい男性）

（2）男で女性性が少ない（男らしい男性）

（3）女で男性性が多い（男まさりの女性）

（4）女で男性性が少ない（女らしい女性）

みたいに分類されていきます。

極めてアワ性の多い女性であれば、アワとアワが重なりかなりサヌキ性が弱くなります。逆のこともいえます。極めてサヌキ性の多い男性であれば、サヌキとサヌキが重なりアワ性が弱くなります。

アワという言葉は『古事記』の中にも残っており、またシャボン玉の泡とか穀類の泡とか色々な場所で泡という言葉が使われていますが、このアワという言葉はカタカムナの音思念を受け継いでいます。アワの音思念は次の通りです。

ア……あらゆるもの、宇宙、始元量の意。
ワ……円、調和、和の意。
アワ……本来の生命力、根源（カ）のチカラの意。

土地の名前にも多くの場所でアワという音が残っています(阿波、安房など)。アワは、表に見えないけれども土台となってサヌキを支える大きな力として働く場所を持っているものです。

サヌキの音思念は次の通りです。

サ……差（渦の差、チカラの差）」の意。
ヌ……潜象、計測できないの意。

キ……動き、粒子、対向発生の意。

サヌキ……差によって現象に現われたチカラの意。

サヌキも土地の名前に残っています（讃岐、佐貫、左貫など）。

## ●男と女の最大の違い

男と女の最大の違いは何でしょうか。それを説明する前に、電気のことについて知っておいてください。

人間の体には電気が流れています。脳から出される指令は電気信号で神経を介して手足などの筋肉に伝えられます。心電図が取れるのも心臓の収縮によって電流が流れているからです。このように人体は微弱な電気で動いています。

カタカムナでは、生命というものも電気現象とみています。そして、女すなわちアワは地球の電気を前駆流（ぜんくりゅう）によって取り込むことができる性質を持っているといいます。常に命にとって一番大切な電気性を自分の力で地球から取り込むことができる、と書かれています。

それに比べて、男すなわちサヌキは、自分自身の力では直接地球の電気性を取り込むことができないと述べられています。「前駆流」とは、女が男に前駆して（先がけて）エネルギーを取り込むという意味です。

では、なぜ電気を取り込む必要があるのでしょうか。

それは、生命を維持、発展させるためです。人間は電気を帯びた粒子でつくられ、生命現象は電気現象であり、電気がないと人間は生きていけないのです。そのために人間はまわりから電気を取り込む必要があるのです。

女は生きるために必要な電気は、自ら取り込むことが出来ます。ところが、男は自ら取り込むことはできません。女を通してしか取り込むことが出来なくなっています。したがって男は常にそのために電気不足の状態にあり、本能的に女性を追いかけるようになります。これが男と女の最大の違いです。そして、その違いをもたらしたものは自然の理だとカタカムナは言っています。

女が前駆流を持つことは、ほとんどの動物においても見られます。どの動物でも、オスがメスを追いかけるようになっています。蜜蜂の女王蜂は卵を産むことが役割で、働くのはすべてメスの働き蜂です。オス蜂は子孫を残すため女王蜂を追いかけまわします。こういう役回りは蜂たちが決めるのではありません。天然自然のコトワリ（理）です。

人口の性比（男女比）が常にだいたい1対1になっているのも実に不思議です。詳しくいうと、女の方がすこし少なく、男の方がすこし多いという比率なのですが、大きくとらえるとだいたい1対1で推移しています。歴史を見ると、戦争などで多くの男性が死に、残された女性たちが多くなったとしても、長い月日をかけず数年の間に男性と女性の比率は天然自然の比率に戻っていきます。

何の力がそのような働きをするのか、現代物理学では説明することはできず、カタカムナ文明の潜象物理を受け入れないと説明することができないという結果になります。

カタカムナの理論では、命（いのち）そのものが電気、磁気、回転エネルギー、光子エネルギーと、アマハヤミという光よりもはるかに速い速度を持つエネルギーからなっているといいます。アマハヤミは現代物理学にはない理論で、このアマハヤミは「とき・ところ」と呼ばれることもあります。

このようにカタカムナの男性観・女性観はかなり現代の物理学と異なっています。もしこれを現代の発展した脳によって理解することができたら、言い換えると順序をよく知って逆序（ぎゃくじょ）の教えを学ぶことができれば、極端な個人主義、男女同権論などによって引き起こされる家庭の崩壊や離婚、親子の断絶なども防ぐことができると考えます。

カタカムナ人は、時代が進むと家庭崩壊や価値観の断絶などが生じる恐れがあると考えて、幸せな家庭と睦愛（むつみあい）を守り、維持継続させ、後世の人々が道を間違えることがないようにと、「アワ・サヌキ」のことを伝承したと思われます。

## ●サヌキ性が強くなりすぎると人間も社会も幸せになれない

近代社会が始まって以降、人間は自分たちの持つサヌキをあまりにも育て過ぎ、サヌキの本能のままに突き進んだ結果、医療を含む全ての分野において、世界は行き詰まりを見せています。将来どの方向に進むことが人間にとって幸せなのかということがわからないハメに陥っています。

男は女を追いかけるものであり、それが万物の天然自然の法則であるとしたらそれを人間が変えることができるでしょうか。

どこまでいこうとも、天然自然の摂理の中で生きていく以外にないということを悟る以外に方法はありません。

数百年にわたって自然の摂理を守らず、人間脳で思いついたサヌキ的考えで世界を動かして行こうとした結果、今日のような様々な天災、疫病、オゾン層の破壊、環境汚染など人類破滅寸前の状態に追い込まれるという結果が起こってしまったのです。

ただ、まだ世界は滅んでしまったわけではありません。早くこの現実を認識し、男と女の特性を知って男のあるべき姿、女のあるべき姿を求めつつ社会の中においてそれぞれの役割を果たすことができれば、危機を回避することも可能です。

それには各自が地球の電気の前駆流を取り込むようになることが、一番のポイントです。天然自然に帰るということが、今最も必要とされています。自然の摂理に則（のっと）って生きれば、すべてがうまく回転していきます。

サヌキの暴走は男にばかり起こるわけではありません。女は子供を産む力、男を引き寄せる力を持ち、全体のバランスをとって天然自然のあるべき姿を認識するという本質をもっているのですが、サヌキ性の強い女が主導権を発揮すると、形だけの男女同権を求めるあまり本質的な男女同権にはなり得ず、逆に家庭の崩壊を招き、子供たちが幸せな家庭を知らず、かえって犠牲になるという結果を招いてしまいます。

これでは個人も社会も不幸です。男の特性、女の特性、男女の違いをしっかり認識したうえで、本質的な公平の要求、対等な権利の主張をするべきです。ただそれは女が社会に出て活躍すべきでないということではありません。女も大いに社会進出したほうがよいと思います。女が社会に出るとき、女が表に立つときは、むしろ平和で穏やかな時代がつくられます。それは歴史が証明するところです。

大切なのは、人間のみが持つ大きな欲望で自由奔放に突き進むのではなく、命保存の使命を持っているアワ性を広めることに力を注ぐことであり、それによってバランスの取れたより良い社会を築くことができます。アワの土台なくして平和と繁栄を作ることは難しいのです。

個人も世界も本来の天然自然の摂理を知って、理想的なカミ（上）に近づこうとしながら、バランスの良い社会を早急に作らなければならない崖（がけ）っぷちまで来ているようです。

## ●幸運を引き寄せる最強の「アマウツシ」

今世紀、混沌とした状況の中に生きている私たちが、今すぐにできることは古代の叡智を見直し、それを生活の中に生かすことです。ぜひ多くの方に知っていただきたいのが、「アマウツシ」の知恵です。

人間が生きるのに必要なものといえば空気、水、太陽光、食料などがあげられますが、カタカムナ人は、もっと根源的なものを考えていました。彼らは、この宇宙や自然を創り上げているのは「根源のイノチ」であり、この根源のイノチがあるから生命の営みが出来ると考えていました。その根源のイノチのことを「アマ」と呼んだのです。

光も時間も空間も、そしてエネルギーも力も、すべてが「アマ」から発生している、そのような哲物理学を述べています。

アマとは、有限の宇宙球にある超微粒子であり、その超微粒子のことをアマ始原量（しげんりょう）と呼び、万物万象はすべてアマ始元量が変化・変遷したものであると考えていました。アマの音思念は次の通りです。

ア……あらゆるもの、宇宙、始元量の意。
マ……現象、宇宙球、すべてのものは現象界では球であるの意。

前述したようにアワ型人間である女性は、生命の根源となるアマを直接、自然界から取り入れることができます。しかし、サヌキ型の男性は、アマを取り入れるためには、アワの存在を経由する必要があります。女性を通してしかアマを取り入れることができません。それゆえに男性は女性に魅力を感じ、性の衝動が生じてくるのです（性の栄養と呼ばれます）。

これをアマウツシ「アマを移（写）す行為」と呼びます。カタカムナ人は、アマを自然界から取り込んで生命力を活性化し、病気を治し、独創性、豊かな人間性を育（はぐく）んでいました。もちろん、アマウツシは食事、呼吸などからも取り入れることはできます。

すべてはアマから始まっていることを心得ると、エネルギーを無駄に消費することなく、日々の生活がより活性化、充実化してくると思われます。

カタカムナで感心するのは、超古代の時代から土地には住み心地の良いイヤシロチと住み心地の悪いケカレチがあることを知っていて、イヤシロチから生命エネルギーをたっぷり享受していたことです。

古くからある神社は、ほとんどがイヤシロチにあると言われていますが、古代の人はアマウツシのことを、鋭い感受性によって直観していたと思われます。

すべての生命が発生し、変化し、進化発展していくのも、自然治癒力が働くのも、そこにアマウツシがなければ発生しないものです。アマの中に生命の全要素が含まれていますから、アマウツシされたものは、根源のチカラを受けて生命力を持つものとなり、その生命力からインスピレーションやアイデアも生まれてくるのです。

現代人は経済発展や物質的享楽に心を奪われ、自然の恵みを忘れがちですが、自然と共生しながら、おおらかに力強く生き抜いていた古代人の生き方や知恵を見直してみることも、大切だと思います。

## ●「対向発生の性質」を直観で悟っていたカタカムナ人

無機物質から微生物が自然発生するということは、現代の常識に反することです。無機物から生命は生まれないというのが大方の常識となっていますが、なかにはそれに反論する理論も登場しています。

超古代人は直観により、アマ始元量から物質や生命のもとになる粒子、心の自然発生の現象を感じ取り、それを後世に伝えています。現代の科学常識が本当に正しいのかを検証する時代がやってきているようです。

現代の科学では、葉緑素（クロロフィル。緑色）の構造は核の中心がマグネシウムで、葉緑素を摂ることで赤い血の色の鉄中心のヘモグロビンができるということさえ十分に説明されません。葉緑素でマグネシウムがあってもそれがヘモグロビンにはならないという考えがあるからです。

実は、生体内でマグネシウムから鉄へと原子転換する現象があるのです。この原子転換を説明するのがカタカムナです。楢崎皐月博士は、この原子転換も対向発生から生まれると言っています。

今の科学は対向発生という考え自体が欠如しているため、葉緑素のマグネシウムを摂ることでヘモグロビンになるという説明が出来ないのです。対向発生の法則を1万2千年前に洞察したカタカムナ人の先見性には驚嘆するほかはありません。

対向発生とは、「正と反が対向すると新しいものが発生する」という性質（原理、法則）のことです。正反二つの存在が「対向」すると、おたがいが相互作用を起こし、それによって新しい創造が「発生」します。

一つの存在だけでは、動きは生じません。二つのものが正反の関係になってたがいに働きかけ、影響をおよぼすようになってはじめて反応や動きが生じ、新しい創造が始まります。

私たちも自分ひとりで考え込んで、どうしてもそれ以上前に進まないとき、もうひとり加わり二人で意見交換していると、話がどんどん進んでアイデアも出てきて考えがまとまることがあります。

ひとりでは何も起きないが、二人がいると動きが始まる。こういうのも対向発生といえるでしょう。

現代科学は人間の感覚器官でとらえられないものは存在しないとしています

が、上古代のカタカムナ人は潜象で微視の現象も直観でとらえていました。人間の五感にのぼらぬからとてそれが存在しないということではないという純粋な直観でした。

カタカムナ人の鋭い洞察、直観を知るにつけ、私たちの劣化した直感力とゆがんだ思考を補ってまともな判断力を立て直す術（スベ）として、超古代人の豊かな文化を謙虚に取り上げて吟味反省することが何よりの急務と感じます。

## ●天然自然からみた「男らしさ」「女らしさ」

地球上の生命体には男と女が存在し、その男と女が重合（じゅうごう）することによって次世代の生命発生が行われています。男と女がいるということが天然自然の摂理です。

男と女の重合なくしては、子孫は途絶えてしまいます。重合は、電気の足りない男にマイナスエントロピーのエネルギーを与え、調和したバランスを作ることにも使われます。

その女と男のエネルギーの集合のことを、カタカムナではフトマニという言葉で表しています。

天然自然の摂理がわかると、本当の男らしさ、女らしさが身についてきます。男性は男性らしく、女は女らしくというのが天然自然の摂理であり、正しい生命のリズムなのですが、高度成長期のころ女が男性化し、男が女性化して男か女かわからなくなり、風紀が乱れ、道徳がおかしくなったことがありました。男と女の両方がそれぞれの特質を伸ばし、そのうえで結合し、助け合っていくところに本来の人間社会の姿があると思います。そのためには男の本質、女の本質がわからないと始まりません。

男にとっては、基本的に仕事が本分で、社会は戦場であり、緊張の連続、それゆえに家庭は心のオアシスと考える人もいます。

女は、夫が職場において、存分に働けるように、支えることが大きな役目の一つです。夫のために心を休め、疲れを癒すことのできる工夫をすることが妻としての大事な役目になるでしょう。

母性愛は、本能として女性は誰でも持っています。子供を立派に育てることが大事な本分です。母親は、子供たちの生涯の基礎をつくる最も大事な人生の教師の立場にあるともいえます。

家庭の中で、役目の違いはあっても「夫が上で、妻が下」という階級的な見方は時代遅れです。主人がいばり、家族が忍従を強いられるようでは家庭の崩壊です。長い間、男性優位の人間社会があたりまえのように続いていましたが、現代はすこしずつ変化してきています。

女性は、本来は生命を慈しみ、守り、豊かな感性を持っている平和主義者です。これまで女性の特質のすぐれたところを男性が理解できず、家庭の中に閉じ込めてきた部分はあると思います。

それを改める意味で、女性の社会進出が叫ばれるのはよいことです。21世紀は女性も様々な分野で活躍し、男では出来なかったことを女性の手でやるぐらいの心構えをもってほしいと思います。そうすることによって社会も変革していきます。

世界は今、戦争と暴力、破壊、貧困、差別、疫病にさいなまれています。こういう時代を終わりにし、新しい時代を建設するために女性にはもっともっと活躍してほしいと思います。

男と女の双方が、それぞれ相手の良さを認め合い、何が天然自然の摂理なのかを知るためにカタカムナの勉強をしていただければ幸いです。

## ●クローン人間は果たして人間の益になるのか

このところ、AI（人工知能）という言葉を耳にすることが多くなりました。AIは人間がつくったものです。人間がつくったものは、つくった人間よりすぐれた部分を持ちますが、全体的には人間を超えることはできません。人間は空を飛べません。そこで飛行機をつくって空を飛ぼうとします。つくった飛行機は飛行能力において人間を超えることができますが、かといって飛行機が全体的に人間を超えたということではありません。

AIと人間も同様です。AIはいわば人間から御霊（みたま）分けされた存在で、AIがどのように進化しようと、人間の能力を全体において追い越すことはできないのです。

AIをつくれる人間は、最近はクローン人間までつくれるところまで来ています。ところが、クローンというのは少しやっかいで、クローンの大量生産はオス・メスのバランスを崩す元を作ってしまう可能性があるのです。

クローンとは同じ遺伝子を持つ人間・生物を複製することを言いますが、髪の毛一本もあれば複製できるというのですから驚きです。

現在、人間のクローンを作ってはいけないというのが世界の大勢です。生命の誕生に人為的な操作を加えることになるからとか、神の領域に足を踏み入れることになるのではとか、倫理的に問題とされています。

クローン人間のメリットを主張する意見もあります。医学の進歩に貢献するとか、クローンから臓器を移植できるからというのがその理由です。しかし、臓器移植を目的につくられた人間の人権などはどうなるのでしょうか。とても難しい問題をはらんでいると思います。

クローン（クローン人間）は女からしかできませんが、できるクローンも女であることが多くなると女過剰の状態が発生する可能性が残ってしまうのです。

これまで人間は自分たちの都合や欲望のため、牛肉の大量生産とか狭い檻の中で育てるブロイラー鳥のように動物虐待のような反自然的なことを行っています。効率や経済的利益を優先し、自然を無視し、人間側だけのご都合で全生命を支配しようとする人間のおごりは、かえって地球自体を傷つけています。

今のように生命を人間の勝手きままに振り回すようなことが許されるでしょ

うか。勝手なことばかり行っていると、過去においてアトランティス大陸やムー大陸が消滅したようなことが起こらないとも限りません。地球の自浄作用によって地軸の変更もしくはオゾン層破壊などが起こり、人間が住むことのできない星になってしまう可能性も考えなければならない時代に差し掛かっています。

全てのエネルギーのもとである宇宙の心に反することを慎み、天然自然の摂理を学び直すべき時代がやってきたのではないでしょうか。

## ●女の実態「生命力を内在、親和的で、依存性の傾向」

女はカタカムナにおいてはアワ型人間と呼ばれますが、アワは潜象体であり、外から見ることはできませんが、生存に対する強い能力を内に秘めています。

性格はどちらかといえば内向的であり、環境には適応性を発揮します。子孫繁栄を望み、個体の生存に対する執着は男と比べて少ないようです。

感受性が強く、性格的に依存性が強いようです。戦うことを好まず、親和性を持ち、相手を認める許容性があり柔軟性もあります。

ただ長く虐（しいた）げられてきた歴史があり、その能力を表に出せなかったことなどが反動となって、非常に男性的な女性も多く現れています。

自分のことをよく認識していれば、仕事と家庭を両立させることは難しくありません。しかし、男性性や権力を求めるあまり利己主義に走り、家庭を崩壊させたり、育児放棄するような女性が現れていることも事実です。

直感的感覚は鋭く、思考性は弱いと言うべきだと思います。陰に徹する心を持ち、前後左右に気を配って安全を求める性格を内在しています。忍耐強く、相手を敬って服従するという心を天然的に持ち、人を立てたり、人を生かすという力があります。

天からの気を前駆流によって取り入れることができます。前駆流を放出できる場所は性器です。

鎖骨はどちらかといえば水平になりやすく、感情の平静さが内在的性質です。カタカムナ語ではマクミ（超微粒子の一種）と呼ばれ 生命の実態である「ミ」の心を持っており、命を存続する方向に導く性格を持ちます。

## ●男の特性「直進的、表に出たがり、欲望増大の傾向」

カタカムナでは、男はサヌキ型人間と呼ばれます。サヌキは現象の世界に見える形で実在し、誰でも認識することができます。知的生命体として他の生物にはない特殊な欲と思いを持ち、非常に外交的であり、外に向かって進んでいきます。

ある意味自己中心的であり、個体の生存に強い関心を持ちます。主に判断力によって行動します。あらゆるものの支配者という主体性が強く、考え方は主観的、事実的、対立的、排他的です。

頭をよく使い、理論を作り、思考性に長けています。表に出る心が強く、放任すれば滅亡にも向かいます。直進的に目的に向かって突き進むため、前後左右のことを考えず暴走することがよくあります。

女性と最も違うところは、子供を産むことができないということです。本能的にそれを知っているので、女が上に立つことを嫌い、女を押さえつけ、社会を支配しようとする本能が働きます。服従するものを多く持つことが人間としてのレベルの高さを計る物差しにしたがります。

現実志向性が強く、自分自身を変えることが難しく、人と親和共振することが不得手です。ボスになりたがり、戦いで一番強いものを決めるのが好きです。男の細胞からクローンを作ることはできません。なぜなのかは人間は知る由もなく、天然の摂理です。

電気を取り込むことができず、電気を使うことを非常に好むため常に電気不足の状態で生きています。そのため電流を探し求める体質があります。すなわち男が女を追うという結果となり、天から与えられた宿命です。自然的には鎖骨が湾曲する確率が高いといえます。

## ●バランスと調和、人智を超えた自然の摂理

女の特性、男の特性は、いずれにおいても人智を超えた自然の摂理の所産であり、お互いが補い合って協力し、宇宙の秩序に調和していくようにつくられています。

そうすることによって、政治や経済、文化、教育に至るまでバランスの取れ

た環境が形作られていくでしょう。

アワもサヌキもどちらが良い、どちらが悪いということはありません。どちらも必要であり、その多少の割合の違いで男、女の相違が生じたのです。

宇宙はバランスと調和をもって運行されており、進化しています。そのなかで生きている人類、あらゆる生命体も、宇宙と同調していくのが一番楽で、心地よい生き方だと思います。

## ●男と女は、そもそも別の生き物

男と女について少しくわしくみてきました。男と女は正反対につくられており、社会での働き方、あるいは社会で果たす役割はかなり違うということからみても、男と女はまったく別の生き物と言ったほうがよいかもしれません。

そもそも、男と女は体の構造が異なっています。一般的には、筋肉の付き方や骨格の構造が、男のほうが頑丈で丈夫に出来ています。

男性は女性よりも筋肉量が多く、筋肉も強力です。女性は筋肉がすこし少なく、弱いですが、疲労への耐性があり、回復も早いようです。

男性の脳は、思考性にすぐれ、情報を多く蓄えるようになっていて、女性の脳は直観力に優れています。

女性は、通常、おしりと太ももに体脂肪がつき、男性はお腹まわりにつく傾向にあります。女性は、男性よりも血圧が低めです。

これらの差が仕事や職業、家庭内での役割の区別となってあらわれるのですが、最近は、男性が出来ると思われる仕事の分野に女性が進出したり、女性の役割と思われたことを男性が分担する場合など状況が変化してきています。

今まではもっぱら男性の職業と思われていたバスやタクシーに女性運転士の姿もよく見かけます。ビルの建設現場で多くの男性に交じって、ヘルメットの女性が建築資材を運んでいる姿を見かけることもあります。

一方で、介護や福祉の現場では、入浴のお世話や寝たきりの方の体を持ち上げて着替えをさせるなど大変きつい仕事を女性が担当しているところも多いようです。こういう分野にはもっと男性の協力があればよいと思います。

## ●男女同権はあっても男女同質はない

現今は男女同権とか男女共同参画などあたりまえのようにいわれますが、現状はまだまだというほかはないかもしれません。ある自治体が、男女共同参画についてのアンケート調査をしたところ、

○「男のくせに、女のくせに」という言葉が死語になったらいい。

○男性に家事をさせる人が増加している。それは男女平等なのか。

○男女と、父親母親を間違えないでほしい。

○女性が社会に出ると家庭がおろそかになり、子供を他人に預けるが、そうなれば誰が母親かわからなくなる。

○男性優位の社会は田舎では顕著で、根底にある意識を変えるにはよほど大胆な政策が必要ではないか。

……などといった意見があったようです。

男女同権とは、男性も女性も同じ「人間」として同等の権利をもつというこ

とです。社会的な地位はまったく同じであり、就職や仕事においては差別や所得の格差などあってはならず、法律的な権利が同等に保護されているということです。

こういう考えが一般的になったのは、ごく最近といっても過言ではありません。歴史的には男性優位の社会が長い間続いていて、ようやく一世紀くらい前から、まず女性の参政権運動が起こりました。その後、教育や雇用の機会均等などが叫ばれるようになりました。

一時、ウーマン・リブとかフェミニズム（女性解放）のムーブメント（運動）が起こり、政治や文化、社会などにおける性差別に反対し、平等な権利が主張されました。しかし、母性を否定し、専業主婦を非難するなどの過激な主張もありました。

ただやみくもに専業主婦を否定したり、男性社会への嫌悪を説くばかりでは賛同は得られないでしょう。社会進出においては、夫婦や家族というつながりを大切にする視点が必要です。

なにより大切なのは、真の意味の男女平等、男女同権とは何かということです。男女には、人間ではいかんともしがた厳然たる性差（男女の性別による違い）があります。これをふまえた上での男女同権でなければ意味がありません。

家庭においての家事・育児を考えてみましょう。出産と授乳は女性にしかできないのですから、これは当然、女性の役割です。それ以外に、毎日のオムツ替え、洗濯、掃除、食事の支度や片付けなどまでやっていると、女性の負担が重くなってしまいます。

そこで男性が、その一部を協力すると女性の負担が少なくなります。夫婦の話し合いで合意できれば、男性が家事や育児をやってもよいでしょう。

最近は育児休業を推進する企業も多くなり、積極的に子育てをする男性（イクメン）も増えています。男としての体面にこだわらず、昔気質（かたぎ）に「男子厨房（ちゅうぼう）に入らず」と仕事オンリーでいくのではなく、男女が協力して温かな家庭を築いていくのも一つの選択肢であり、そういう男女同権のかたちがあってもよいかと思います。

以上まとめると、本当の男女同権を実現していくには次のことが大切だと思います。
○男女の性差による能力の違いを認める（男女同質はない）。
○男女に身体機能の違いがある以上、生活や働き方に違いがあるのは当然。

○男女それぞれの能力を生かして共生社会を作る。
○女性差別をしないだけでなく、男性差別にも注意を向ける。
○「仕事と子育て」を両立させる努力をする。
○「男らしさ」「女らしさ」は大切。
○しかし、「男はこういうもの」「女性はこうあるべき」と決めつけることはしない。

男女平等になれば、女性の力がこれまで以上に発揮され、適材適所がすすみ、国民のエネルギーが結集し、経済も発展、教育格差などをなくすことにもつながります。ぜひ官民が協力して、男女平等の取り組みを不断におこなっていきたいものです。

# 第2章　天然自然の夫婦のあり方

## ●天然自然のコトワリ「夫婦仲睦まじく」

21世紀に入って、人々の価値観や働き方が多様化してきました。それにともなって、夫婦のあり方も多様化しています。

男女同権が叫ばれ、夫婦で協力して家事や子育てを担う共働き夫婦も増えています。また、男性が家事や子育てを担う「専業主夫」の家庭も珍しいものではなくなってきました。

このように夫婦のあり方が多様化する中で、私たちにとってどんな夫、妻をめざしたらいいのでしょうか。どんな夫婦のかたちが望ましいのでしょうか。

この章では、天然自然の夫婦のあり方について考えてみたいと思います。

歴史の中には、家という制度があり、家のために夫婦の愛などは無視されて嫁に行ったり、離婚したりすることがありました。社会の制度の中で権力や政治のおもちゃとして政略結婚などが行われた時代もありました。

現在は、華やかに結婚式が行われ、本人の意思にもとづいて結婚したい人と結ばれる時代がやってきました。結婚式の日には、二人は永遠の愛と苦楽を共にすることを誓い合います。まさに隔世(かくせい)の感ありといえるでしょう。たしかに戦後、日本は民主主義国家として生まれ変わり、結婚も当人が決めるべきもので、夫婦は平等と憲法でも保障されていますが、しかしそれによって私たちは以前と比べて夫婦仲睦（なかむつ）まじく暮らすことができているのでしょうか。

理念通りにいっていないのか、わずか10年前と比べても離婚率は上がり、個人は個人の幸せを求め、自らの幸せを犠牲にしてまでも家事や育児を担わないことが当たり前のようになっています。かつてアメリカの離婚率が50％以上になったと驚いていた日本では、その後を追随するように離婚件数がどんどん増えています。

何が原因で、異種親和・同種反発という天然自然の理（コトワリ）がくずれつつあるのでしょうか。

異種親和・同種反発とは、たとえば磁石の同極（SとS，NとN）同士は反発しますが、異極（SとN）同士はくっつくという現象です。宇宙にこの原理が働いているので、人間も男女間で親和するのです。ところが昨今、この宇宙の原理にそぐわない社会現象が増えつつあります。夫婦仲睦まじく暮らしている人の数が、年を重ねる毎に減っているような気がします。

そんな時、カタカムナはどのような答えを出してくれるのでしょうか。

カタカムナには、「わからないことの答えは、天然自然界の中に見つけなさい」という教えがあります。カタカムナの教えはとても根源的で、私たちが疑問や迷いが生じたときには明確な指針を示してくれます。

天然自然の中に人間が生きるべき道が示されている、迷ったときは天然自然の中から答えを見つけ出せる、というのがカタカムナの基本的な姿勢です。

## ●宇宙が決めた「絶対的な男女のあり方」に従う動物たち

天然自然の中には宇宙の心（愛と志）がありますが、人間脳（サヌキ脳）が優位に立ち、生物脳（アワ脳）が劣化した現代人には天然自然から宇宙の心を学ぶことがとても難しくなっているようです。

特に、人間には「神が決めた絶対的な男女のあり方」という観念、規律が希薄になっています。動物の中には、生まれ持って神から定められた規律に忠実に生きている生物がいます。その動物たちは、その掟（おきて）に従って産まれ、成長し、子孫を残し死んでいきます。

例えば、おしどりがそうです。おしどりは生まれた時から、つがいの片方が死ぬまで共に暮らすような性格を持っています。しかし、そのような仲睦まじい生物ばかりではありません。昆虫などに特に多いのですが、つがいの間で殺し合いが起きます。カマキリはメスがいったんお腹に卵を宿すと、その卵を育てるためにオスにかぶりついて食べてしまいます。オスは逃げる様子もなく、当たり前のように自分の身を捧げて子孫の栄養になります。

映画にもなった皇帝ペンギンは、オスがじっと子供を抱え、真冬の嵐と飢えに耐え、寒さを乗り切ります。それが父親としての当然の義務であるかのように、掟に従って子育てをします。

万物の霊長である人間だけが宇宙の原理に背いているようにみえなくもありません。歴史の中には、女性は生まれた時から御簾（みす）の中から出ることもなく、部屋の中で育ち、部屋の中で生活し、殿方が訪ねてくるのを待ち、そこで子を宿して、次の世代の子供を育て、それだけで人生を終える女性もいました。戦争の人質として、敵の陣地に送られた人たちも数多くいます。

しかし、時代は変わり、現代は曲がりなりにも民主主義となり、本来の自分の意思を貫き通せる幸せな時代が来ています。にもかかわらず、個人の欲望と快楽のために子育てや育児放棄をして、責任を社会や学校に求めるような人たちがいます。このような時代がかつてあったでしょうか。

良いものが手に入れば入るほど、人は宇宙の心とは違う方向に動いていく生き物であることを認めなければならないような有様です。

## ●「生命はどこからくるか」を教えるカタカムナ

では、現代の私たちは何を基準に何を志して生きれば、一人ぼっちでなく良い伴侶に恵まれ、親としての責任を全うし、命尽きるまで人生を共にすることができるのでしょうか。

これについても、カタカムナでは「人間にはできる（宇宙の心に同調していけば人生を全うできる）」と宣言しています。人間は宇宙の心に近づくために経験と過去から学び、新しい考えを自分の中の「身（ミ）」につけていく「逆序（ぎゃくじょ）」の能力が与えられているからだ、としています。

逆序の能力とは、次のようなことです。本来、万物万象の生命のチカラは、アワとサヌキの対向発生によって生じます。根源のアワとサヌキの対向発生によって生命現象が発生することを「マノスベ（順序）」といいます。

ところが、人間のカシラ（脳）も、生命発生の場をつくることが出来る、というのがカタカムナの教えです。「我々の生命が、よりよく生きるためには、生命の根源（カミ）が何であるかということを、我々の脳に教える必要がある。感受性を高めて（アワ量を高めて）、生命の根源が何であるかをよく脳に教えていけば、生命力が高まっていく」といっているのです。これを、「順序」に対して「逆序」といいます。

## ●男と女の違いを認めることからすべてが始まる

では、具体的にどのようにすれば、宇宙の心に同調できるのか。カタカムナでは、「イハトハニ」をよく理解することと言っています（「イハトハニ」は、カタカムナのウタヒ80首の第4首に出てきます）。

イハトハニとは、思念であらわせば次のようになります。

イ……最小単位の生命粒子
ハ……正反
ト……重合
ハ……正反
ニ……発生が繰り返され、定着する

すべての生命現象は、生命粒子が正反重合を繰り返した結果であり、正反が重合することによって、すべての生命現象が発現するというサトリをあらわしています。

天然自然というものは、正と反（アワ・サヌキ、男と女など）が異種親和、同種反発を無限に繰り返しながら、森羅万象を形成しています。

生命というものが正反の重合(統合)によって生まれ、生命力が正反の重合(統合）によって強まる、高まるということを理解すると、あらゆるシーンで役に立ってきます。夫婦のあり方を考えるときにも、生命（力）がどこから来るのかを根本に返って考えてみると良いということです。

男女も正と反が、生命体のかたちをとって現われた存在です。それぞれの中に、さらに正反の性質を持つわけですから、同じ人間の形をしても、全く別の生き物で、全く別の性質をもっている。そういうものが集合して地球に生息し、他の生物も同じ原理・法則で生命を保っています。

まず、このような大きなしくみを思い浮かべながら、生命について考えていきます。人間には大きく男と女が存在します。それは陰陽とも正反とも言える存在です。すると、女に生まれた者が男のことがわかるのか、男に生まれた者が女のことを知ることができるのか、そんな思いがわき上がってくるかもしれません。直観を鍛錬すれば、大切な知恵が宇宙から授けられるようになります。またアワ・サヌキの違いを学習することによって、宇宙の心がわかるようになり、男女が仲睦まじく生きるヒントが芽生えてきます。

もし、課題や悩みなどが生じたときは、人間に与えられた役割とは何か、何が原因で今の状況が生じているのだろうと考えればよいとわかってきます。

まず相手を知る、自分とは比較しない、そういう知恵もとても大切です。そこからスタートすると、全く別の性格をもつ二つのものが、自然な形で長い期間、人生を共にする道筋も見えてくると思います。

幸せな家庭、幸せな夫婦を夢見るのは、男も女も同じです。にもかかわらず、そうなれないことも少なくありません。なぜなら、一例ですが、女が嫌なことを男が嫌とは限らないからです。男が最も欲望を持つこと、それは女にとって幸せではないからです。

すると、理想を抱いてもなぜ現実は違うのだろうかと、別の疑問が生じてきます。結論的に言えば、男女の仲を睦まじくするためには、もっと根元的な宇宙の真理、先人のサトリを知る知的生命体としての学びが必要なのです。

学ぶことによって男と女という存在が、いかに違うものかを知ることができます。その違いがわかると相手の行動が理解できます。相手の行動を理解できると、自分と同意見でなく、自分が気に入らないことであっても相手を許す、または認める心を持てるようになります。人間には、もともとそういうことを理解する能力が与えられています。

男女の違いを大人になるまでに理解し、異種の連れ添いと生涯共に暮らして行くにはどうすればいいかという答えを学ぶ、人生にとってこれほど大切なことはないでしょう。

## ●違うものの組み合わせが新しいものを創造する

男女とかアワ・サヌキも、突きつめて考えれば、同じものの裏表のような関係にあることに気づけると思います。

レンズには「凸レンズ」と「凹レンズ」の2種類がありますが、それぞれに性質の違いがあり、それによって役割が変わってきます。

凹レンズは近視用のメガネに使われます。凸レンズは遠視用のメガネに使われます。

凸レンズと凹レンズ2枚を組み合わせれば、姿のままの物体を見ることができます。それぞれに役割の違いがあり、それを組み合わせると、さらに違った役割が加わるというのは生物界でも同じことが言えるようです。

違っているものが組み合わさって、さらに進化したものになっていく。夫婦も同じではないでしょうか。

「違い」は否定するものでも、こだわるものでもありません。それはそれで価値を持つものです。二つが合わさってさらに良きものになっていくのが、万物に予定された性質だと考えられます。男と女は違って当然であり、それを矯正（きょうせい）する必要はありません。自分の持てるものを最大限に発揮すればよいのです。

「違いがあって当然」という理解ができればお互いに譲り合える精神が育まれます。そうでなければ、子孫を残す瞬間だけは相思相愛であったが、子供が残ったら、他の動物と同様に男女は別れてしまうということになりかねません。

人間には、命とは何なのか、子孫とは何なのか、夫婦とは何なのかということを考える力を天はお与えになりました。

しかし、そのことはカタカムナの時代以降、教育の場からどんどん後退し、知らないことが当たり前となり、便利な力が開発されるほどに人は欲望に翻弄（ほんろう）され、自分中心になり、その結果、人も家庭も社会もバラバラになってしまっています。

## ●難しい課題を乗り越えていくのも人間の特権

いま、かつてなかったほど孤独の老後を送る人たちが増えています。これは深刻な問題です。社会が大きく変質しています。人間のものの考え方が自己中心、経済偏重になったのも一つの原因かと思われます。昔はあたりまえだった大家族主義もいまでは田舎でしかみられなくなり、都会は核家族、少人数家族が圧倒的です。家族愛が薄れていくのは当然かもしれません。

愛が大切だ、愛こそが自分たちの夢を実現してくれることだと声高に叫ぶのは、愛の充実がいかに難しいものであるかを潜在能が十分に知っているからかもしれません。

動物は子孫を残すため以外に男女の交わりをしません。子孫を残し終えたら、自分の命を捨てることに何の未練もありません。しかし、人間は違います。愛の欲求はとどまるところを知らず、命に対して執着し、死を極度に恐れます。夢の実現にこだわり、「幸せとは何か」が頭から離れず、自分の考えを中心に物事を考えます。動物との大きな違いです。人間は、果たしてこれでよいのでしょうか。

1万2千年前の超古代、人間の宿命的に持つ心の闇を察知していたからこそ、「人間はどこから生まれ、どこに行こうとしているのか」「人間があるべき姿」「人間の幸せは根源から与えられる」ということを後代に伝えるために48の文字を作り、カタカムナウタヒ80首として残したのです。

いつの時代も、幸せなカップルはいました。しかし、幸せではないカップルの数も多くあったとも思われます。しかし、辛抱することを教えられた人たちは、その教えを守り、添い遂げることができたのだと思います。

江戸時代は、子供が出来なかったら三行半（みくだりはん）の離縁状をもらって、その家から出て行かなければならない時代でした。子供がほしいということと、夫婦を続けるということを両立することが少なかったのです。人は、いつの時代も自分の欲望と真実のあるべき姿を知ることが難しいものなのです。

男は多くの女の人を追いかけたい本能を持っているので浮気といった問題が起きるかもしれません。そんなとき、どうしたらいいでしょう。難しい問題ですが、男の本質に女の前駆流を追いかける宿命を持っているから起こってきます。天然自然の摂理では、そのような男の習性は織り込み済みのようです。浮気が本気ではなく生活費を入れている限りは、目を瞑（つむ）って男が覚醒するのを待つしかないと思います。

人間は、幸せと苦難・試練とを背中合わせにして生きるのが、この世での宿命です。しかし、超えがたい課題があればあるほど、それを乗り越える意欲を燃やし続けることも天から与えられた人間の特権だと考えることも可能なのです。

## ●睦み合い、許し合い、認め合う関係

男女というのは、根本的にというほど両極端の性格を持っているのです。しかし、そういう違いがあると同時に、それを許す、理解するという特別の能力も与えられているのが人間です。これは動物にはありません。知的生命体であるがゆえの人間特有の能力です。

二人が出会ったとき、人間は自分の生まれてきた理由と目標を持っており、それがこの出会いの中で実現したという絆としてしっかり自覚されていれば、二人の関係を自由勝手に利用するという思いにはならないでしょう。

むしろ、この出会いを天からのプレゼントとして受け止め、自分の人間的成長のために利用しようという志をしっかり固めることができれば、将来どんな問題が起きようと、二人の関係はびくともしないはずです。

時には意見のすれ違いや感情的な対立があっても、さっと水に流すことだってできるでしょう。どんな夫婦であっても片方が１００％正しく、片方が１００％間違っているということはありません。しかし、人間は自分の方が正しいと思いやすい傾向を持っています。それがけんかや仲違いの発端になることもあります。

少しずつ成長していけば、「自分の常識は、果たして正しいのか」と考えられるようになります。さらに自覚を深めていけば、「自分が考えていることの中には、間違った部分があるかもしれない。縁あって出会い、結ばれた自分たちは天の志の中で何かを成し遂げるために一緒になったのではないか」と考えられるようになるでしょう。その相手こそが成長のためのエネルギーだと思えるようになれば、申し分ないと思います。

しかし、命が脅かされるような暴力を受けたり、一方が賭け事に夢中で生活が困窮に陥ったりしたという場合とか、男女同権を男女同質とはき違え、家庭を顧みず社会活動に突っ走っていく特殊なケースなどの場合は、話は別です。一緒に住むことをあきらめて、新しい人生を歩みだした方がよい場合もあると思います。

著名人と言われる人、お金にも恵まれ、何不自由のない生活をしている人たちが簡単に離婚するという昨今は少し異常です。幸せに向かっていく物差しをみずから手放してしまったのではないかと思えてしまいます。

睦み合い、許し合い、認め合い、学び合っていくのが夫婦です。心のエネルギーを自己鍛錬していく以外に、良い夫婦関係は生まれないと思います。

## ●男女がうまくいく、夫婦が仲睦まじく暮らせる秘訣

天然自然とは、自然の法則にさからわない、極端な考え方にとらわれないで、変化が押し寄せてもあわてない、生かされて生きていく暮らし方を大切にすることだと思います。

夫婦がおたがいにそういう気持ちを共有できるといいですね。宇宙とのつながりの中で自分自身をみつめ、役割を自覚し、心を磨いていくことができれば申し分ないと思います。

男女の違いを乗り越えて、天然自然で夫婦が仲睦まじく暮らしていく、ちょっとした心がけを述べておきます。参考にしてください。

①幸せな気分でいる

幸せは、多分に主観的なものです。「しあわせだなあ」と思えば、幸せな気持ちになることもできます。

②感謝を忘れない

人間は生まれたこと自体、有り難い存在です。夫婦になれて、夫婦を続けていられることがうれしいと思えたら最高です。夫婦の間でお互いに感謝を忘れなかったら、いつまでも仲良くいられます。

③不満を持たない、溜（た）めない

不満は飽くなき欲望から生じます。足りないところに目をやらず、ほどよいところで満足することが本当の賢さです。

④自分自身の時間を持ち、相手の時間も尊重する

お互い干渉しすぎずに、ほどよい距離感を持ちましょう。

⑤相手を思いやる

人間は自己本位の存在です。自分中心にものを考えてしまいます。何か事が起こったときは、相手はどんな気持ちでそうしたのだろう、などと相手を思いやると相手にも伝わり、相手からも思いやりがとどくようになります。

⑥愚痴をこぼさない

現状の問題点を指摘することは時に大切です。しかし、くどくどと述べると愚痴になります。愚痴は聞く方も不快で幻滅します。

⑦理想を求めすぎない

理想を抱き、実現に向けて努力するのはよいことです。ただし、理想が高すぎると実現しません。高望みせず、“現実的な選択”をすることも大事です。

⑧ものは考え様

苦労したけど結局結果が出なかった。でも物は考えよう。いろいろな経験ができた。将来のことは予測できない。幸せなことが不幸に、不幸なことが幸せにいつ転じるか分からない。物事に一喜一憂しない、右往左往しない。それが一番。

## ●物的豊かさだけよりもはるかに幸せな「フトマニ」

人間は欲望を持って生まれた存在です。双方が折り合いを付けない限り互いにぶつかってしまい、幸せな結果は得られません。

そういうとき、カタカムナの「フトマニ」のサトリ（悟り）が助けになります。「フトマニ」とは、正反が対向すると生命現象が発生するという原理のことで、生命を含め、あらゆる万物万象は対向し重合して、そこから2が3を生み、それが万物万象に増えていきます。フトマニの思念は

フ……2（数字）、正反、二つの意。

ト……10（数字）、重合の意。

マ……現象、宇宙球全体、あらわれるものの意。

ニ……発生・定着する、の意。


です。

フトマニ状態で現出した現象界は偏りすぎず、調和して安定した様相を呈します。この原則は人間界も同様で、夫婦（正反・ふたつの存在）が相和（対向）すと調和・平和が実現していきます。

「夫婦相和し（あいわし）」というところが要（かなめ）です。「相和す」とは夫婦仲が良いことをあらわし、昔から平和な家庭は子供の教育にも理想的な環

境といわれています。

カタカムナで言う「ちょうどいい場所」「均衡がとれて一番安定する場所」を目指していく以外に、夫婦は均衡のとれた安定した幸せをつかむことはできないと思います。

片方が譲り、もう一方が自己主張しながらも、ちょうど良い場所をフトマニで実現していきましょう。それが夫婦間の成長、自分自身の魂の成長にもつながっていきます。

欲望に振り回されるのではなく、天がくださった鍛錬の道を歩むのにアワ・サヌキほどふさわしい関係はありません。両極端に性格が違えば違うほど、フトマニはかえって豊かな創造をもたらしてくれます。

仲睦まじい夫婦、理想的なカップル、幸せな家庭形成は心の喜びをもたらしてくれます。本能にまかせた生き方ではなく、人間のあるべき姿をめざしながら困難とたたかい、共に苦楽を感じながら歩むという天から与えられた命題を思い起こさなければならない時代が来ているのではないでしょうか。

本能に振り回されるのではなく、二人が補い合い、魂を成長させることに向かって歩む人生は、天からの応援も受けられ、周りからも祝福される素晴らしい人生が待ち受けていると思います。

欲望（目標）は神様が作られた試練、ハードルだと思って、ハードルは高ければ高いほど難しければ難しいほど、それを乗り越えたときは大きな喜びという歓喜も味わえます。その喜びは、知的生命体のみが味わえるものです。それを目指していきましょう。二人相伴って目標を定めることができたら、素晴らしい人生の共同作業となります。障害物競走を走り抜けるように、二人で人生を歩むことの楽しさを知った人は、どのような物的豊かさよりも幸せな生涯が待っていると思います。

# 第3章　男女における子育ての違い

## ●子育ては赤ちゃんが生まれる前から始まっている!?

この章では子育て、教育について男女の違いをみていきたいと思います。「子はかすがい」という言葉があります。子供がいると、その子への愛情から夫婦の仲がなごやかになる、という意味です。

ちょっとした事ですぐにけんかをしてしまう夫婦も、子供が顔を出すと、けんかをやめて仲直りをし、子供を可愛がりだしたりするものです。まさに夫婦の縁がつなぎ保たれるのですね。

子育てにおいて、男の子と女の子との違いをよく理解しておくことはとても大切です。男の子と女の子とでは、発達や成長の様子が違います。子供が持って生まれた性格を曲げることなく、社会の中で健やかに育っていけるように子育てするにはどうしたらいいか、考えてみたいと思います。

実は、子育ては赤ちゃんが生まれる前から始まっています。お母さんが最も元気な子を産める年代に生むのが一番理想なのです。20歳から28歳ぐらいまでが子供を産むのに最も適した年齢です。

母親の体力が最高の時期に子供を産むことは、運勢の半分ぐらいが決まってしまうと言っても過言でないくらい重要なポイントです。

ただし、すでに生まれてしまった子供がいたとしたら、その子がいかにより良い環境で育てられるかと考えればよいでしょう。

現在、慢性の病気を抱えたり、アトピーや低体温など免疫力が低い虚弱な子供達が多くなっています。天然自然のルールを軽く見てしまったことに一因があるかもしれません。

子供を産んで育てることは、全ての動物が行う天然自然の摂理です。しかし、人間の場合は、他の動物と比べ自立して餌が取れるようになる（経済的自立）までに期間がかかるのです。それは脳の発達が、他の動物と違うところからくるのではないかと考えられています。

育児は人生にとって最も楽しい仕事でしょうか、それとも負担の多い仕事でしょうか。ぜひとも楽しい仕事にしていただきたいと思います。

## ●男の子と女の子の育て方の違い

人間は自立するまでに期間がかかると言いましたが、どれくらいかというと、およそ20年です。兄弟が上の子と下の子が離れている場合などは、子育てが終了するのに30年くらいかかることもあります。それくらい子育ては人生の中でも大変かつ重要な仕事です。せっかく育てるのなら、楽しく育ててほしいと思います。

男の子と女の子とはそれぞれ持って生まれてきた性質が違うため、同じ育て方をするとどちらかの能力が欠けたり、十分に伸ばすことが難しくなりますので、この点は注意が必要です。

なぜ男女の性格の違いが生まれるのかは、人間の計り知れないところです。天がそのような性格を植え付けて生まれたのですから、その中で最善を尽くして生きるのが一番人間にとってふさわしいと思います。

それでは、男の子と女の子の違いから説明します。3歳ぐらいまでは男の子と女の子はあまり大きな差異はありませんが、肉体的にはかなり大きな差があることを親は知っておくべきだと思います。それ以後は、少しずつ違いがあらわれてきます。

男の子は女の子にくらべ、手がかかるといわれますが、好きなことに夢中になることが多く、体を思いきり動かすことが好きです。男の子は1か月早く産まれてくると言われるほど腸が弱く、病気をすることも多く、育て方に工夫が必要です。

男の子場合は、腸が弱くならないように食事や栄養には気を配ってください。偏食、食べ過ぎなどに注意が必要です。食生活が偏ると自然エネルギーが弱まり、体や心に支障があらわれるからです。

女の子についてみてみましょう。女の子はアワの精神を強く持っているために、従うことをあまり苦痛と思わず、両親の言うことも比較的おとなしく聞き、育てやすいことが多いようです。

判断力は男の子にくらべて弱いかもしれません。おもちゃ一つ買いに行っても、男の子はすぐに自分の欲しいものを見つけて即決しますが、女の子の場合は迷ってなかなか決まらないことが多いものです。これも天然自然の摂理のうちのひとつだと思います。

## ●自己肯定感を高める子育てを

生まれてから自分で立って、大人と同じ食事ができるようになるまでが子育ての第1段階で、次に第2段階が始まりますが、扱いにくい時期になります。自我が芽生え、自己主張が始まるからです。

ただし、三つ子の魂百までと言われるように、このころが子育てで一番大切な時期です。この時に、好きなことを見つけさせてもらったり、何かにのめり込むことを推奨されて育った子供たちは、集中力と忍耐力、行動力などを含めて大きな成長を遂げていきます。

次第に欲望も強く出て、自分のやりたいことに向かって突進し、親の言うことを聞かなくなります。第一反抗期です。それが3年から5年ぐらい続きます。自分の思うようにならないと泣き叫ぶ、欲しいものを欲しいと言い、待つことを知らない年齢です。

それから数年のうちに再び親の言うことをよく聞く時期がやってきます。それは子供が生活を送ったり、友達ができたりする中で、切磋琢磨してある意味で社会というものを認識するようになるからです。自分の欲望を抑えてでも、みんなと仲良く過ごすことが大切だと感じるようにもなっていきます。

動物の場合は、子供から大人に成長していくと、別れの儀式がおこなわれます。親は子供に獲物を捕ることを教え、ある時期が来ると意図的に子供を追い出し、その後は何の面倒を見ることもありませんが、人間の場合は学業を終えるまで親が面倒を見なければいけません。

学校に上がると集団生活が好きになり、親よりも友達に親近感を覚えます。自己主張も強くなり、体力で親をしのぐようにもなります。そして、最後に思春期の第二反抗期がやってきます。こうして20歳前後で職業につきまた結婚もします。子供が生まれると、親と同じような人生を経験し始めることになります。

子育ての大きな流れをみてきましたが、男の子と女の子の育て方で注意したいのは、女の子に「男の子が欲しかった。男に生まれてくれたらよかったのに」とか、男の子に「女の子が欲しかった」などと、その子の存在を否定するようなことは決して言わないことです。

子供には自己肯定感を与えることが大切です。それが、子供自身が自分自身を信じて自立していく基本となるからです。

男と女の育て方の差は、様々なところで天然自然に起こります。それを無視した子育てをすると、子供はコンプレックスを持つようになります。育児で重要なことは、コンプレックスを持たせず、色々なことを経験させ、立派な大人になるように育てることです。子供が自信を持って社会に出て行くように育てていただきたいと思います。

## ●子供の才能を見つける最高の時期とは

子供は、生まれてきてから日付が経っていないほど、自分が何のために、どこに向かって生きるのか知っています。なぜなら人間は知的生命体であり、生まれた時には生まれてくる前の記憶がかすかに残されているからです
そんな時期から子供に将来幸せに生きていける働きかけをしていくと、子供はぐんと伸びます。その働きかけは、自分の生まれてきた目的を忘れないで記憶に残すのに大きく役立ってくるでしょう。
子供への働きかけの具体的な方法についてお話をします。生まれたての赤ち

ゃんはカタカムナで言うサヌキ、自分の欲望の赴くまま、感じるままに生きています。不快なことがあれば悪魔のように泣き叫び、機嫌のいい時は天使のような微笑みを周りの人たちに振り向け、その天使の微笑は全ての悪魔の時間や困った育児の疲れを忘れさせてくれるほどに素晴らしい癒しの微笑みです。

その後数か月が経ち、自分が人間であるということを認識し始める時期があります。その一つの徴候が「指さし」です。これは、人間の赤ちゃんのみが持つ自分の興味や関心のあるものを伝えるしぐさといわれています。まだ十分に言葉が話せないときは、自分の要求や興味を指でさし示すのです。

可愛らしいミッキーマウスやくまのプーさん、トーマス機関車など気に入ったおもちゃや絵本を見ると、どんなに遠くにあってもすぐに見つけて指さしをします。赤ちゃんが指さしをしていたら、その子が何に興味を持っているか、その気持ちを読み取ってあげるようにすることが大切です。指さしは抽象能力の始まりの表象で、人間だけにしか見られません。

動物は、人間のように道具を使ってご飯を食べる、いろんなダンスやジャンプをするといった行動を訓練すると、それを覚え、芸として見せるようになります。その可愛い動作が動物園や水族館に来る子供たちを喜ばせ、あたかも人間と同じような能力があるように感じさせるのですが、それは餌のためにする条件反射であり、それで終わりです。

しかし、赤ちゃんは、たとえ食べられなくても、可愛いもの、美しいものといった「抽象的なもの」にも反応する、動物とは違った能力を示すようになるのです。

子供が指差しているものについて、「それは、ミッキーマウスやキティちゃんだよ」と、名前を教えてあげると喜んでその言葉を繰り返し、自分の好きなもの、自分が感動したものの名前が何であるかをしっかりと記憶回路に留めるのです。この指さしをするようになる時が、もっとも成長し、能力を獲得している時期なのです。

その頃の子供は、生まれてきた目的や才能を自分でまだしっかりと覚えています。ほとんどの子供が数か月、もしくは長くても1歳前後までにこの状態が発生します。この時が子供の才能を見つける最高の時期だと思ってください。

## ●のびのびと才能を伸ばす子育て

そういう時期に、働きかけを積極的にすると才能を見つけることができ、伸ばすことができます。その見つけ方の具体的な方法として、部屋の中に安全サークルをつくっていろんな種類の玩具を放り込んでみましょう。

ただし、これで遊んで欲しいとかこの遊びを教えたいとか、親は考えてはいけません。放り込むものは、自動車や子供の家、ボール、本、クレヨン、紙、お人形、ピアノ、弦楽器、バスケットボールなど危なくないものなら何でも入れてあげてください。種類は多ければ多いほどよいです。

紙も画用紙からティッシュペーパーなどもちろん、そのほか絵本やコンピューター（大人の中古品）、ぬいぐるみや日常生活で使うお茶碗、お皿などにも興味を示します。

そして、そのサークルに子供を入れて一人遊びをさせるのです（家事をしながらでも見える位置で）。その時、子供は自分は何が好きなのか、潜在意識ではっきりと知っています。ほとんどの場合、まっしぐらに自分の好きなものの方へ行きます。

中には、どれにも興味を示さず、サークルの縁などにつかまって一日中ぴょんぴょん跳ねて楽しんでいる子もいます。絵を描きたい子はいつまでも絵を描いていています。ティッシュを一枚ずつ取り出して、全部出てくるまで一生懸命取り出す子もいます。

音楽が好きな子は最初からピアノなどの楽器の前に行きます。ピアニストの辻井伸行さんは視覚障害を持った方ですが、小さいころからピアノにだけは絶大なる興味を示し、音の聴き分けはきわめて正確だったといいます。

子供が何に興味があるのかをきちっと観察しましょう。親が意識して子供の才能を見つける努力をしないと、子供は人に勝てるもの、人よりも飛び出て優秀な才能を見つけることなく、成績だけで比較されます。それによってコンプレックスを抱えたり、対人関係がうまくいかなくなった……ということになります。

子供たちはだれでも親に認められ、ほめられたいという根底的な欲求を持っています。しかし、親は愛する代わりに子供をしつけるという時代になっています。私たちの子供の時代は、今よりはるかに自由でした。貧しくてクレヨンや紙がなくても、よその家の大きな壁にチョークで何人もかかって、たくさんのお絵かきをして遊んだものです。空想にふけって木の上に家を作ったり、自分の好きなことを見つけ、考える時間もたくさん与えられていました

子供たちが持って生まれてくるのは一人ひとり違う才能です。自由に遊び続けた子供は、自分の好きなことの方向へどんどん才能を伸ばしていきます。子供の好きなことをできるだけ与えてあげるのが親の役割です。

ボールの好きな子はいつもボールを取りに行きます。いろんなおもちゃがあっても他のものに目もくれません。それが若さであり、まだ自分の生まれてきたことの目的を知っている時代の子供なのです。サークルの中に入れられて、いつもぴょんぴょんと跳ねている子はぴょんぴょん跳ねるのが大好きです。そんな子供は飛行機にあずける大きな鞄を椅子の横に置いておくと、よじ登っては飛び降り、よじ登っては飛び降りを繰り返しますが、少しも退屈しません。飛ぶこと自身がその子にとって最大の楽しみだからです。

楽しいことをするために自分の才能を伸ばし、自分の学ぶべきことを学んで天の創造主に近づくために自分は生まれてきたことを本能的に知っていて、それが自信となって次の学習へと向かわせるのです。

金魚屋さんに行って金魚の桶を全部ひっくり返して大損害をあたえたり、ボール遊びをして近くの家のガラス窓を割ったり、そんなことは子供の遊びでは普通のことだった時代がありました。その人たちが大人になり、皆それなりに立派な社会人になって自己実現をしていないでしょうか。

たくさんのおもちゃの中から何を選ぶのか、そしてそれを何日飽きずに遊び続けるのか、これらを観察することがまず親としての務めではないでしょうか。それと同時に体に良い食べ物、その子の食欲に合わせてできるだけ自然に近いものを食べさせたら、子供たちの体や脳は全開になって自分自身の命を大切に伸ばし始めると思います。

## ●好きなことをさせてあげよう

今はダメなことが多すぎるような気がします。ダメなことがいっぱいあって、いいことが少ししかなかったら、わずかな好きなことにはまり込んで、他を見なくなってその中に閉じこもってしまいます。

子供たちは昔と比べて元気がないと感じるのは私だけでしょうか。子供は太陽と共にあり太陽のエネルギーをいっぱいもらって友だちとぶつかり合いながら喧嘩をしたり仲直りしたり、それを繰り返して対人関係を集団の中で学びます。体で学んだものは失われることはありません。その中で不便というものの解決の仕方も学んでいくはずです。

今は物があふれ、工夫しなくても押しボタンひとつで物が手に入ります。お金があればあるほどもっと色々なものが手に入るかもしれません。しかし、それで本当に好きなものが見つかるのでしょうか。

1歳ぐらいというのは、今回の人生で学ぶべきものを天で選んできた直後であって、自分が生まれ持ってきた才能をよく知っている時です。

自分が好きなことに出合うと、自然に内なる気分が盛り上がり、自分の成長のための道具が何であるかを一番よく知っている時期なのです。もしその時にその才能を見つけてそちらの方向に少し背中を押してあげられる親がいるとすればそれはその子にとってどれだけ人生の無駄を省いて前に進むことができるでしょうか。

子供は自分自身が幸せであれば、人の幸せも一緒に喜んであげられます。豊かな感性が花開き、時には喧嘩をすることがあってもうまく仲間を作り、その仲間たちとともに時間を楽しく感じるようになります。

「うちの子供は勉強が嫌い」という親が時々います。それは勉強の楽しさを覚えるチャンスを子供に与えてあげなかったからだけなのかもしれません。

本来、人間は痛みや苦しみを避けようとする本能と、神のココロに近づこうとする向上心を併せ持って生まれてきています。

それが人間と他の動物を分ける大きな違いです。子供の才能を見つけること、それを伸ばしてあげること、好きなことをさせてあげること、どんなことでも人並み以上に伸びたとしたら、それは生活力になります。人よりも飛び抜けて優秀なことがあれば、それが遊びであろうと、勉強であろうと、それぞれの持ち場で自分の才能を開花させ向上させていくことができるのです。

## ●カタカムナが教える最高の育て方

天与の才の見つけ方について述べてきましたが、天与の才を見つけたらその後、子供たちがさらに成長し幸せな人生を送るために、私たち大人は何をしなければいけないのでしょうか。

カタカムナでは、まず大切な48音の響きを教えること、そして、いつも歌ってあげて、聴かせてあげ、少し大きくなったら一緒に歌うことだと言っています。その言葉のヒビキの中から響いてくる感受性を育てることだといいます。

それには、どのようにすればいいのでしょうか。

一つは、人は自分の力だけで生きているのではないので、常に自然の中に身をおいて自分が生かされていることに感謝をすることだといいます。

感謝をしてそれを言葉で表すと、その言葉の響きは、すべての生物が持っている生物脳（アワ脳）だけでなく、人間脳（サヌキ脳）をも育てると言います。

カタカムナウタヒは、戦いのやり方や勝つことの意義、大きな権力の持ち方やその使い方などについては一切触れていません。おそらく、それらは教える必要がないと考えたからだと思います。

80首の歌を通して述べていることは、

①自分の才能（役割）を見つけること、

②宇宙の響きを感じること、

③自然と共存して暮らすこと、

④人間同士が交わってエネルギーを高め合い、まつり（祭り）や睦愛（むつ

みあい）を行うことの大切さです。

目に見えない存在がいかに私たちを守り、私たちはそれに応えていかに幸せに暮らす義務があるかということを歌い上げています。

人間は食べて寝るだけの生物脳を働かせるだけでなく、心から楽しむこと、人と交わること、天地に感謝すること、目に見えない大いなる存在を畏怖（いふ）することの大切さを繰り返し述べています。

明治時代に福沢諭吉が『学問のすすめ』を書きました。その本には、広く薄い、多彩にわたる勉強が学問であるとは書かれていません。なぜ勉強が必要なのか、そのためには何をすればいいのか、そして明治時代という新しい世界を生きていくためには何が大切なのかを伝えています。

丸暗記や知識の詰め込みなどといったことも一切書かれていません。大人になって動物と同じように自立して食べていけるようになること、大人になった時から次の子育てへと向かう基本的な生物としての本能を正しい方向に向かわせること、これが学問の中で最も大切なことであると述べています。

このように明治の時代に書かれたものも、カタカムナの中で書かれていることとも共通したものがあるということは、逆に言うと1万2千年変わらないものは普遍の真理だともいえます。カタカムナの心は、明治の頃まではまだ生き残っていたともいえるでしょう。

自立して食べるといっても、食べ物を作る、餌を捕獲する肉体保持のことだけを言っているのではないことは明白です。人間は芸術を愛し、美を愛し、感謝の思いを忘れず、それを家族と共に確認する。そして食べ物はできるだけ天から与えられた新鮮なものを食べ、よくかんで自分の身を健やかに生活できるようにすること、これが大切な教育であるとカタカムナの時代の人は考えていました。

人を愛し、芸術を愛し、感謝の思い。それらの思いを「正」とすれば、その対極にある「反」の思い、すなわち支配欲、権力欲、仕返しの心、恨みの心、比較の心や自分の幸せだけを感じて人の幸せを思いやることができない心を持ってはならない。カタカムナ人は、そう考えていました。

そういうことをしっかりと教えなければならないという考え方が、根本自然のものとしてカタカムナ人にはあるように思われます。

芸術は食べることは出来ないし、そこから肉体の栄養を取ることもできないにもかかわらず、人間は芸術に喜びを感じ、美を愛し、自然の中でくつろぐことを喜び、人々と交わりあうことを求める……このように考えていくと、人間もやはり生物の一部であり、他の生物と同じように喜び合ったり戯れたり楽しむことを知っている。そして皆がその状態であると人間は幸せと感じるようになっている、人間はそういう存在です。

動物も幸せと感じる、感謝の想いを持っているかどうかは分かりませんが、餌を取ること、命を永らえることに対する執着は人間以上かもしれません。しかしながら、お腹がいっぱいになれば、それ以上の欲望を持たず静かに自然の中で休息をとります。

このような姿を、カタカムナの言葉では「マノスベ（天然自然）」と言っています。

要するに、カミ（宇宙の意志）に近づくように好奇心と向上心を持ち、日々生活することを本能として与えられた人間は、他の生物のようにマノスベに生きるだけではなく、カミに感謝し生きていることの意味を考え、カミの心に近づこうとする特殊な脳を持っているのだと言っているのです。

## ●人間は誰でも天与の能力を持っている

この頃ゲームで遊んでばかりして勉強しないと嘆いている親たちもいますが、プロのゲーマーたちは大変な能力の持ち主です。

プロのゲーマーは、野球やゴルフやその他のスポーツと比べても賞金額は大きく、世界ナンバーワンのプロゲーマーは一試合の賞金額が30億円という人もいるほどです。30億円をとれるくらいの技術を持つと、一流と言われることになります。

ゲーマーもそうですが、そのゲームを作り出すプログラマーもまた相当な能力を持った人たちです。技術も必要で、美的センスも音楽の才能も持っていなければいけません。

もし、自分がやりたいことがあって、それを成し遂げたいと強く念願したら、誰でも没頭し寝食を忘れてワザを磨いたりするでしょう。そのような意欲、忍耐力、集中力を人間は生まれながらに神から与えられていることを忘れてはならないと思います。

私には20歳以上離れている弟がいます。彼は中学に入った時、英語の勉強ができなくて、英語に対するコンプレックスを強く持っていました。弟はどちらかというと芸術肌で、工作などが得意でした。小学生時代はプラモデル作りに凝っていたようです。私は好きなプラモデルを作ることをもっと伸ばしてやったらどうなのかと考えました。「最高に好きなのはスターウォーズだよ。スターウォーズのプラモデルが手に入るんだったら、僕何でもするよ」と彼は言いました。

そこで私は、一番難しいプラモデルを買ってあげることにしました。弟は箱を開けると、目を輝かせて喜びました。「これは、きっとハマる」と、私は直感しました。

そのプラモデルはメイドインUSAで説明書きは、英語で書かれていました。プラモデルを組み立てるには、当時は今のような翻訳ツールもないので、英語の辞書で一つずつ単語を調べながら組み立てていく以外にプラモデルを完成させる方法はありませんでした。

しばらくたったある日、「お姉ちゃんにもらったプラモデル。これから色を塗って綺麗に仕上げたいと思ってるんだけど、その前に一度見せたいんだ」と連絡してきました。

私は、英語は読めたのか、何時間かかって作ったのかなどとはひと言も質問しませんでした。彼は意気揚々と大きな包みを抱えて私の家に訪ねてきました。包みを開けると、それはそれは一点のバリ（加工のとき生じる不要な突起）もなく、つるつるに綺麗にピカピカに光って、糊の跡もなく素晴らしいスターウォーズの船が出来上がっていました。

彼は、「多分映画で見た船はこんな色だったんだけど、僕はこの色にしたほうがかっこいいなと思ってるんだ」と嬉しそうに話してくれました。

彼は、その作品をコンテストに応募しました。当時珍しかったスターウォーズのプラモデルは、最優秀賞ではありませんでしたが、見事に上位入賞しました。彼はその後、彫刻学科のある大学に進み、親の職業の骨董品屋を継ぐことになりました。自らが作る側であった骨董品の鑑定眼は確かで、仕事をする上で真贋（しんがん）の見極めも確かなもので、今でも某デパートで骨董品店を営んでいます。

別に英語の家庭教師をつけたわけでもなく、英語を勉強しなさいと言ったわけでもなかったのですが、人間は誰でも本当にやりたいことのためには、どんな苦手なことでも乗り越える能力を発揮するということです。同時に、彼は英語がダメというコンプレックスを克服することもできました。

## ●読み書きそろばんと、生きる術を教える

子供には感謝を教える、生かされているという命に対する尊厳を教える、そのために必要な言葉と算数を教える、これがカタカムナの基本的な考えです。現代風にいえば、読み書きそろばんですね。時代は変わっても、教えなければいけない根幹は変わらないと思います。

アシカに芸を教えるように膨大な知識を子供に暗記させ、点数をつけるのは先生にとっては楽なことかもしれません。一人ひとりの子供の才能を見つけ出し伸ばしてやることは先生にとっては難しいことかもしれません。

なぜなら先生一人に対する子供の数が多すぎるからです。では一体誰がその役割を担えばいいのでしょう。それこそ家庭の役割です。

学校で無理なことは、家庭で補いましょう。我が子の才能を見つけ出し、我が子の好きなことをさせ、しかも人よりも秀でた才能が持てるように育て、社

会に送り出すのが親の務めだと思います。

先ほどの弟の続きですが、英語のコンプレックスから抜け出した彼は、今は台湾の貿易商社と少しの英語と中国語、大半の日本語で良い商品をお互い商いしながら家族を養っています。好きなことをとことんやって苦手な英語を克服した彼は、それを商売に活かせるようになった、これも天与の才を開花させた一例と言えるでしょう。

才能を与えてくれるのは天なので、「天与」と言うのです。私たちは感謝して、その才を受け取ればいいのです。才能を正しく育み、工夫して磨きをかけ、人よりも特徴を持った技術を身につけ、食べていけるようになることが職業人の道です。そのように子を育てるのが親の務め、育児だと思います。

育児とは幸せな人生を送る術（すべ）を教えてあげることです。カタカムナでは、決して自分の力を過信して自分の欲望通りに生きることは教えていません。

天与の才能をなるべく早いうちに見つけ出し、好きで楽しいことをやりながら人格を伸ばし、神の愛に近づく人間に育つことを勧めています。

神からいただいたものを最大限伸ばして、花開かせて生きていく。それが人間にとって幸せな人生ではないかと思います。

今はあまりにも効率効率と、学校も社会も結果ばかりを求める風潮になっていますが、それからはみ出た人間はダメ人間の烙印（らくいん）を押され、生きづらくなってしまいます。

大人も道に迷うことがあります。子供たちも道に迷うことがあって当たり前です。道に迷っているときは愛を持って助け、困難を乗り越えさせ、たくましく育てることが教育の本来の道だと思います。

決して人間が宇宙の中で一番偉い存在なのではありません。人間よりもはるかに大きな力が働いていて、その中に私たちは身を委ね感謝の心を持ちつつ日々を送る、正しい生き方を次の世代へ引き継いでいく、これが真の教育だと思います。

## ●日本人は新しいものを実用化する能力に長けている

日本人は、どちらかといえば遺伝的に優秀なＤＮＡを持っていると思われます。芸術、スポーツ、学問の分野においてもしかりです。新しいものを作り出す能力、改善工夫をして最高の実用品に仕上げていく、飽きずに物を作り続ける能力に長けています。

これは、日本語の中にしっかりとその思念が生き続けているからだと思われます。江戸時代の末期、開国を迫られた日本に来た外国人たちは日本人の高い識字率に目を見張ったと言います。庶民に至るまでほぼ100%読み書きそろばんができた日本でした。刀を研ぐ技術を持ち、素晴らしい作物を作り、庶民は動きやすい衣装で活発に働いていたのが江戸時代の末期でした。

そして今日があります。ただ、戦争に負けたことが原因になったのか、それとも文化の発達、便利さが人間を怠惰にしたのかは分かりませんが、今の教育システムが必ずしも秀でた人間を育てているとは思えません。今、国全体のあり方を見直すべき時が来たのではないでしょうか。

超古代において幸せで豊かな人生を送ってきた日本を、もう一度蘇らせなければならない時代が迫ってきているように思います。

## ●思春期子育ての注意点

思春期の子育てをする場合の注意点をあげておきましょう。

母親は同性ですので、女の子の青春期において、肉体の変化については知識を正確に持っています。従って、女の子を育てる場合、比較的間違いは起こりにくいと思います。

ただ、母親が男の子を育てる場合は、少し配慮が必要です。なぜなら母親は案外、男の子と女の子とは別のものであるということを忘れがちです。特に思春期の場合は大きな変換期ですので、男の子の扱い方には注意が必要です。

なぜなら母親は男の子の性的問題について知識はあっても、体験にもとづいて指導することはできないからです。

女の子はもともと受け身な存在で、生理が始まったなどの場合は腹痛があると言って相談もしやすく、恥じることなく自分の成長を受け止めることができます。しかし、男の子は性的衝動と生体電気を追いかける本能も芽生えてくるので、相談もできなくて子供自身で悩むことが多いのです。

男の兄弟がいる場合は、割合そんな話題も簡単に口に出せますが、母親一人のシングルマザーの場合などは、父親に相談することができません。

男の子を育てる場合は、父親の役割が大きくなってきます。子供が誰にも相談できず、一人で悩みを抱え込むと、時によって犯罪に走ったり異常性格になったりしないともかぎりません。おじいさんや家庭教師など同性の男性が必要な時期でもあります。

この時期の子育てがうまくいかないと、男の子は心の平安が得られなかったり、コンプレックスを持ったりすることにもなる可能性もあります。これは、受験と同等またそれ以上に大切な育児だと思ってください。

女の子が思春期になると、懐いていた父親から距離を置くようになることがあります。抱っこしてもらうことや一緒にお風呂に入ることを嫌がるようになるのは、異性であることを感じるためです。こんな時はただ、女の子の意見を通してあげることだけでいいのです。自然に自立していくようになります。

思春期は、男の子と女の子の違いがはっきりと現われる時期です。女の子は平和と安住を好み、天然自然に育っていれば、自分のことはあまり気になりません。男の子は冒険や戦い、スリル、本能の満足と自己中心を好みます。その違いを知っておきましょう。

# 第4章　心と体の二重構造

## ●「見えるもの」と「見えないもの」の二重構造

世の中に存在するものには、
○「目に見えるもの（有形）」
○「目に見えないもの（無形）」
の両方があって、両者は一つになり、お互いが離れない関係である、という考え方があります。わかりやすいのは、体と心（あるいは肉体と精神）でしょう。

心 ……　目に見えないけれど、たしかに存在している
体 ……　目に見えるけれど、心の持ち方で影響を受ける

と考えられています。

私たちは悩みや不安があると、とたんに胃腸の調子が悪くなったり、体に変調が起きたりします。逆に、病気や怪我などで仕事や勉強ができなくなると、心配が昂（こう）じて、うつ的になったり、心がおかしくなったりします。こ

れらは、「心と体はつながっている」ことの代表的な例、心と体が一つであることのあかしといえるでしょう。

心身の不調が起きたとき、それらの原因や理由がわかると対策を立てたり、予防をしたり、解決策を見いだすことができるようになります。

このように、「目に見えるもの」と「目に見えないもの」を切り離すのではなく、一体になったもの、相互に関係したものであると考えていくと物事を深くとらえられ、「なるほど」と納得することが多くなると思います。

## ●カタカムナの「心と体」の理論

カタカムナでは心と体について、どう考えているのでしょうか。カタカムナの理論によると、万物はヒトツカタであるといい、現代語に訳すと相似象（そうじしょう）と語っています。

そして、その一つ一つには全て現象と潜象の二つの渦が重なっており、両方の重なりがないと命は生まれない、と断言しています。

では、その二つの渦の重なりは人間の中ではどんな風になっているのでしょうか。現代科学では物理、医療、生物学でも「現象」が必須としています。しかし、カタカムナの哲物理学では現象面だけを捉えるのは、過ちであると断言しています。現象と潜象二つの渦は細胞一つ一つの中に重なり、その細胞の一つ一つの中の現象と潜象とが、さらに重なって初めて命になり、目に見える物質になると言っています。

では、人間はどのような存在なのでしょうか。まず目に見えるもの（現象）、これは体に当たります。目に見えないもの（潜象）のことを、カタカムナでは「ミ」と呼びます。

「ミ」とは、身につくとか、身に覚えがない、身をもって、身を捧げて、などと使われ、現代語では「心」と置き換えても意味が通じます。

しかし、万物が物体であると考えるカタカムナ文明において「ココロ」と言っているものは、現代の「心」とは違って、物質である細かい粒子、微粒子のことを指します。

では、物質であるが潜象である心というものはどこにあるのでしょうか。体は一つの細胞から細胞分裂によって増え続け、それぞれの細胞は、役割によって様々な形へと変化していきます。心臓に行くもの、手足になるもの、視覚・

聴覚・味覚・触覚・臭覚の五感と言われるもの、また血管やリンパ腺、消化器などそれぞれの役割によって分化され、能力も分かれて行きます。

その裏側（背後）で、同一の分量の潜象の渦が渦巻いているのです。このようにそれぞれの役割を担った見えない渦が存在します。それを、カタカムナ人は「ミ」と呼んでいます。

現代では、この「ミ」は「心」といった方がピンとくるのではないでしょうか。このようにカタカムナの考えでは細胞一つ一つの中に、一つ一つの目に見えるものがあり、一つ一つの目に見えるものの裏に、目に見えないものがあるという考え方です。

それが超光速（アマハヤミ）により一瞬一瞬に入れ替わって古い細胞は死に、新しい細胞が生まれ来るという考え方です。これはあくまでも一つの細胞に情報が宿っているという考え方で、37兆個の細胞の数だけあるということです。

しかし、それがもし細胞ではなくて原子の中で交代がされているとすると、一つの細胞は大きい総合生命体ですから、もっと大きな数なのかもしれません。それが現象の起こる数と同じだけ、それぞれの場所でそれぞれの形で存在するというのがカタカムナの考え方です。

したがって心が心臓にあるとか、心が脳の松果体にあるとかいう考え方では見ていません。一つ一つの細胞の中に、もしくは一つ一つの原子の中に一つずつある細胞の数と同等の分量で見えない潜象も渦巻いているという考え方です。

一番大切なことは、全身にばらまかれている「ミ」というものが現象と同じ分量で、同じ力を持って刻々に命を守っているということです。

## ●生命の本質、生命の実体「ミ」

カタカムナにおける「ミ」はとても大切なコトバなので、もう少し説明したいと思います。「ミ」の思念は、次のとおりです。

ミ　……　3（数字）、生命の実体、実質、粒子の意。

万物万象は、最も始元の「ヒ」（一つ）から始まり、ヒが2個集まって「フ」（二つ）となり、この二つが正反対向して互換重合すると、イカツミ・マクミ・

カラミの三素量（三つ）となり、この三素量が「ミ」であるというのが、カタカムナの考え方です。

カタカムナ人は「ミ」が生命の本質、生命の実体であると考えました。つまり、「ミ」は、見えないけれども命の実体、実質、源（みなもと）を意味し、「イノチ（生命、命）」そのものをあらわしたコトバなのです。ミは「三」という数字のほか、見・未・実・美・身・観・巳・魅・味などのことばが当てられます。

「身を入れる」という言葉は、「ミを入れる」から来ています。一生懸命にする、全身全霊を込めて取り組むという意味です。

身＝ミ（生命の実体）ですから、「身を入れる」と、「生命力が湧き出す」ことになります。逆に、集中しない、心が散漫になっている場合などは「身が入っていない」ということです。

「ミ」を入れると、潜象界（カム）につながり、無意識の世界を動かす力ともなったりします。アワ量が増え、直観力が増し、感受性が豊かになったりします。生きるということは、一刻も休まず「ミ」を入れ続けることです。ここぞと言うときは、ぜひ「ミ」、生命の実体、生命力を入れたいものです。

## ●生命力と生命体の両方を持つ「生命」

現代人にとってみれば、体を「生命体」、心を「生命力」と説明した方が分かりやすいでしょう。生命体は目に見えるもので、生まれた時から細胞分裂を始めてどんどん大きく成長し、様々な器官となり、20年くらいを経て一定の数で増加が止まり、その中で脳や心臓、肺や血管というように働きを変えていくのです。

目に見える有限の生命体には、生命力というものがその上に乗っていて初めて命として生きることができます。その後、体積（細胞）が増えなくなった後も、脳や指先の技術のように、向上したり賢くなったり、その役割を細胞の交換によって目に見える形で果たしていきます。それが人間の成長だと考えられているのだと思います。

生命体はエネルギーが足らなくなれば、老化によるシワができたり、ふくらはぎがつったり、腰が痛んだり色々な問題が発生しますが、その裏には同じように少し弱った生命力が存在しています。

生命力は質量もなく潜象で目に見ることはできませんが、それぞれの細胞の中に存在し、その細胞の働きに応じて活躍しているのです。

そして生命力が去っていくと命がなくなり、肉体は命ではなくなり、物体化して土や灰に変化し地球の物体に還元されていきます。

では、生きているとき生命力はどのような形で活動しているのでしょうか。若い時には生命力もどんどん成長し、生命体を健全に成長させるようにアマ始元量と直接交流し、入れ替わります。生命力が強い部位は脳や丹田、松果体などと思われるかもしれませんが、生命力は全身のあらゆるところに存在し、間断なく働いています。

生命体と生命力は実際には一体になっていますが、現代人にとっては別であると考えた方が理解しやすいかもしれません。つまり、生命体と生命力は、体のあらゆる場所で正反対向、互換重合して、その役割を果たしているのです。

生命体と生命力を、カタカムナではアワ・サヌキと呼んでいます。生命力がアワで、生命体がサヌキです。生命体と生命力は、螺旋（らせん）状の渦を巻きつつ、人間の意識にのぼらない就寝時も起きている時も、一刻も休まず働いているのです。カタカムナでは、現象と潜象の境目（さかいめ）のことを「ウ」

と呼んでいます。

現代科学では、生命体と生命力の重なっていること、それぞれがそれぞれの場所で役割を担っていることを説明しきれているわけではありません。しかし、超古代のカタカムナ人はそのことを感じ取っていたのです。

## ●「カム」からもらった「命」を感謝

カタカムナのコトバの音は、非常にシンプルで、それでいて物事を全体把握するのに優れています。それをつくったカタカムナ人は、自然のヒビキを感じ取るまで感性を研（と）ぎ澄ましていたと思われます。彼らは、日常生活のなかでも心の動きや肉体の複雑な構造まで見分けることができたと思われます。

自然と共鳴、同調できたカタカムナ人は、それゆえに傲慢になることもなく、物欲にまみれることもなく、「カム（根源）」から頂いた「イノチ（命）」への感謝の念をもっていました。

生きていることの喜び、それを毎日維持させてもらっていることへの畏怖（いふ）の念を抱いていました。カタカムナ人も現代人と同じように、時には恋に悩んだり、生活の問題で困ったり、姿かたちの美しさに憧れたりしたことはあったでしょうが、それにもました感謝と畏怖の思いがあったからこそ、大きな権力などを作らず、後世に残るような大建築物を造ったりもせず、自然循環を大切にして集団の中で支え合い、協力し合って生きていたと思います。

太古の昔は、自然災害の脅威は現代とは比べ物にならないほど大きかったと思います。その脅威から身を守り、安全に生存し続けることはカタカムナ社会の最大の課題だったかもしれません。だからこそ、肉体がある間に少しでも万物の根源である「カム」の心に近づきたいと思って生き続けたのだと思います。

## ●宇宙の意志に向かって生きることが人間の目標

カタとカムの2重構造、アワ・サヌキの2重構造、生物脳と人間脳の2重構造……宇宙森羅万象に潜んでいる潜象と現象の2重構造のサトリこそがカタカムナの真髄です。

潜象界の存在を無視して、長い年月の間に退化したアワ脳の劣化こそが全ての問題点の発端であり、人類が戦いに明け暮れるようになった最大の原因です。

2重構造を見落とし、忘れたことが現代科学における限界でもあり、カタカムナの哲物理学と最も違う点です。万物に2重構造と四相性があり、アワ・サヌキとヒトツカタがあることを今も悟れないことが、カタカムナと最も対抗する部分です。

私たち人間は、「カ」から御魂分け（みたまわけ）された「ミ」を潜象として持ち、カタとカムのエネルギーの2重構造の中で宇宙の心（「カ」の志）に向かって生きているのです。それが人間という存在であり、私たちの生きている意味です。

カタカムナではオサ（指導者、アシアトウアン）を中心に、そのことをわきまえていましたが、長い歴史の中で、いつしかその意義が忘れ去られ、伝承が途絶え、人間脳が生物脳を上回り、いまや現代社会は混乱の極みといった有様となっています。

現代人が絶滅を免れ、築き上げてきた文明がさらに発展させることができるよう、カタカムナの古代の叡智が生かされることを願ってやみません。

## ●「今今」を生きることに心を尽くす

カタカムナ人は、現象と潜象両方のエネルギーを得るためには食物だけでは足りないと考えていました。エネルギーを取り入れる場所も胃や腸の消化器だけではないと考えていました。

彼らは、皮膚や肺臓なども大気に満ちているエネルギーを取り込むため器官として活用していました。そして、そのエネルギーは「カ（無限界）」から取り込むのが最も有効な方法だと考えていました。おそらく彼らは、心と体が重合して「トキ・トコロ」を得たとき、「ミ」を成長させるカムの無限大のエネルギーが取り入れられると考えていたのだと思います。それが「アマウツシ」です。

一方、潜象である生命力（生命の実体）は、「カム」のエネルギーに直結していることが必要で、生命力が直接「カム」からエネルギーを頂くことを「カムウツシ」といいます。

カタカムナ人は、天然自然界に充満する各種の「音のヒビキ」をとても大事にしていましたが、それを48個のコトバで詠んだのがウタ（歌＝カタカムナウタヒのこと）です。

ウタの思念には、

ウ……潜象と現象の境目（界面）

タ……界面から独立してあらわれる

という意味があり、ウタは潜象と現象の界面で正反対向して発生するエネルギーの有り難さ、尊さを称（たた）える賛歌でもあります。

カタカムナ人にとって生きるということは、潜象の「ミ」をカムに近づけるために肉体（生命体）を持って色々な困難が存在するこの世に誕生する、ということを意味していました。そしてそれは素晴らしい魂の成長のチャンスとしてカムが与えてくれた宝物であると考えていました。

「今今（いまいま）」を生きることに心を尽くし、戦うことをせず、楽しみを見つけ、睦み合いを喜び、ひたすらカムの心を自らの心と出来るように修練を重ねていました。

このように、潜象の「ミ」の鍛錬のためにこの世に生まれてきて、表現の形として肉体というものが与えられたと考えるようになれば、生きることに必死となり、競争や戦争などは起こり得ないでしょう。

カタカムナ文明に一部重なっている縄文文化も、世界の奇跡と言われる長期間の平和な世界をこのようにして実現させたのです。

## ●死後はカムに帰る「ミ」

カタカムナ人の死生観（しせいかん）を説明しておきましょう。

彼らは、「ミ」の成長のために、人は肉体を借りてこの世に生まれ、肉体が心の成長とともに生きることができなくなった時、肉体は土に還り、魂すなわち「ミ」はカム（万物発生の根源）へと帰っていくと考えていたようです。

カムに帰って、そこで自分が生まれてきた目的をまた思い出して、しばらくの休みの後に新しい鍛錬（修行）の目的をもって、再びこの世の中に新しい肉体を持って生まれ変わってくると考えていました。

生命力はカムから来たものであるゆえに無限大の力を持ち、決して消滅することはなく、死んだ後は、地球または他のもっと高等な知的な生命体のいる星々へと生まれ変わる、その生まれ変わりを繰り返し、鍛錬を続けるので無限の命を持っていると考えていたようです。ですから、たとえ死んでもカムに帰るだけであって、無くなってしまうことはないのです。この「タマシヒ」のことをカタカムナ人は「ミ」と呼び、現代人は魂と名付けています。

このような宇宙のしくみを考えると、目先の利益や怒り、憎しみのために肉体を使用することがいかにばかばかしいことか、どれほど生まれてきた目的と反しているのかということがカタカムナ人はよく分かっていたのだと思います。しかし、そのことが分からないために、繰り返しこの世に生まれ出てくる未熟な私たちです。

人間は誰でも生命体と生命力の合同作業の中で日々を過ごしますが、生命力すなわち生命の実体の成長のためには、今今の一瞬を過ごすこと、与えられた苦しみや悲しみは全て「ミ」の成長のために備えてくださったカムの心であると考えることが大切です。

では、生命体にとってエネルギーの補充はカムからどのような形で、この現象界に送られてくるのでしょうか。

それは私たちが認識する限りにおいては、イカツミ、マクミ、カラミすなわち電気、磁気、回転エネルギーです。そのエネルギーの総合体は、実は光なのです。生命力はほとんど光によって栄養を得ています。光が溢（あふ）れ出すことを、後光（ごこう）がさすといいますが、人間が唯一見ることができる潜象のエネルギーの形とは、光なのです。

光からエネルギーを受けることができれば、他のエネルギーがなくても人間はエネルギーを保ち続けることができ、聖書や仏教の経典などに書かれているような５００年、６００年の命を生きることさえできるのです。人間脳が発達しすぎて生物脳の力が弱くなり月日が長く経つごとに、光からエネルギーを得ることができなくなりました。

また光をエネルギーとも思わなくなり、消化器こそが栄養を得る唯一の器官であると勘違いし、ますます生命体は余剰エネルギーの生産に追われ、偉大なエネルギーである光を取り込むことができなくなりました。

そのために、後光がさすどころか、人の光を盗み取らなければ生きていけないような人間が増えてきているのが現代だと言えるでしょう。

# 第5章　アワ・サヌキの悟り、フトマニ目指して

## ●末永く地球と付き合っていくために

これまで雌雄（男女）について、様々な形で述べてきました。この章では、雌雄を認識したうえで、人間が末永く地球と付き合って暮らしていくにはどうすればいいのか、について述べていきたいと思います。

人間には、物事を自分で判断し、決定、変更することができる自由性をあたえられています。しかし、一方で宿命ともいうべき天然によって支配されている事柄もあります。

それを間違えて、すべてのことは人間の努力によって目的に向かって進めると過信すると様々な問題点が発生します。

ところが、人間はその点を勘違いして、すべてのことが自由に出来る、何をしても良いのだと勝手に判断し、この地球上で思うがままに振る舞ってきました。その結果、矛盾や弊害が抜き差しならないほどに噴出し、袋小路にはまりこみ、出口が見えない状態に陥ってしまっています。これが現在、地球人類の置かれている実態です。

宿命と言いましたが、もっとも変えがたく、決定的に定められている宿命とは「男女の差」ではないかと思います。だれも自分の意志で男に生まれたり、女に生まれたりできるものではありません。生まれる時点で、すでに定められた宿命です。社会も男と女の2性で成り立つものと初めから決められているのです。

ところが、人間はこの男女の差を軽く見ているところがあると思います。天然に定められた男女差は思っている以上に大きな差異なのです。人間は本来、定められた差異のもとで、ふさわしいそれぞれの役割を果たし、その役割に従って生きることが大事なのです。

そして差異を踏まえたうえで、社会の様々な制度や規範、しくみなどを作り、他の生物や自然環境とも共生していくことが、人類が知的生命体として末永く進化発展し、生き延びていくための条件になっているのです。その条件にかなうならば、差別や格差、紛争など問題は起きることなく平和で住みやすい地球環境が実現していたはずです。

しかし、現実には、さまざまな間違いが起こっています。男女同質と男女同権のはきちがえ、男の仕事と女の仕事の混同などは、その一例です。

歴史的にあまりにも長い間、女性が虐げられたため、その反動から男女同権が強く叫ばれるようになりました。もちろん男女同権は認められるのが当たり前ですが、だからといって男女同質ということにはなりません。

宇宙の摂理を知らないと、混同が起きてしまいます。男女は同権ですが、男女は同じ仕事ができるとか、同じ役割を果たせるとかということは、実は天は認めていないのです。

いま、宇宙の摂理とは何であるのか、ということをもっと知るべき時にきているのではないでしょうか。

## ●天の摂理に順応した生き方をする動物たち

宇宙の第一の摂理は、すべての事象を男性と女性に分けたということです。もちろん、男性、女性とは広い意味での男性性、女性性のことです。何度も述べましたが、カタカムナ語では女性のことをアワといい、男性のことをサヌキと呼んでいます。

アワとサヌキの均衡のとれた生命にとっては、最も良い場所というのがあって、これは一点に定められているポジションのことです。そのことをカタカムナでは「フトマニ」と言っています（第2章「物的豊かさだけよりもはるかに幸せなフトマニ」参照）。

フトマニは、男女が重合した時に出現する状態のことです。アワ・サヌキが適正な位置で、正反対向していけば、安定した最善の状態が生まれてきます。つまり、本来、人間にはフトマニというあるべき姿、あるべき位置というものがあるということです。

その状態になると、幸せな気持ちとなり、感情が安定し、体調も良くなり、長寿を保つこともできるようになります。

他の動物たちは、人間的な欲望がないために、最初から天の摂理に順応した生き方（マノスベ）ができるようになっています。動物たちは、天が定めた生き方に何の疑いもなく、それに従うようにつくられています。生まれ育った境涯で一生を過ごし、子孫繁栄のために生涯をかけることができるのです。

人間は動物たちとは違います。子孫繁栄だけに生きるのではありません。子孫繁栄もするし、それ以外にも欲望は様々な対象を求め、真・美・善も追求すれば、財産や地位、名誉、自己実現など多種多様な欲求を持っています。

それが万物の霊長としての特権であり、他の動物とを引き離す偉大な力であると思ったら、それは大きな勘違いです。人間は、単に動物とは違う「自由意志」を持つ存在であるに過ぎません。自由意志を持っているならば、持っているなりの、それにふさわしい生き方を悟っていかなければいけないはずです。

人間には頭脳という最高の脳が与えられましたが、適切に使わないで肥大化させたため、天の摂理に最も大きくかけ離れ、対立した形で生活しているのが現代人の姿ではないでしょうか。

## ●男には男の役割、女には女の役割

それに対する警鐘のような出来事なども、この1、2年の間に地球上全ての場所で噴出しています。しかし、人間は無差別に自然災害やパンデミック(感染爆発)などによって殺されるような存在ではなく、自然淘汰はあったにしても、自然の掟を守る者が生き残り、自然の掟を知らぬ者が滅びていくのが天然自然の摂理だと思います。

ただ、お金によって全てのことが支配できると勘違いした唯物論的考え方が、社会にはびこる中で、このような事態になったことには注意を喚起すべきだと考えられます。

現代は、いかにすれば お金が儲かるか、どうすれば美味しいものを食べられるか、何をすれば格好いいか、どうすれば力が持てるのか、そんなことばかりに関心が向けられているように見受けられます。

純粋に子孫を残す、人間らしく正しく生きるということに興味を失っている人が増えているのが現代社会のように思います。

自然の摂理の中には犯してはならない宇宙のルールがあります。それが雌雄の摂理であり、男には男の役割、女には女の役割があるという摂理です。

それを犯し続けて1万2千年の歴史が続いてきたことが今日の混乱を招いている最大の原因かと思われます。どこをどのように間違ったのか、どうすればあるべき道に戻れるのかについて、検証していきたいと思います。

本章の最後に、アワ・サヌキの絶対的な差について一覧表を記してあります。それをよく観察していただくと、男女が同質になることは絶対にありえないことを理解していただけると思います。この理解こそが、今後、健全な子孫を増やし、人間が末永く生き続けられる必須事項だと考えています。

## ●アワ量を増やすことが人生の大事な目標

今、私たちが考えなければいけないのは、サヌキ型人間の体質が起こしている様々な問題点についてです。それは必ずしも男性が起こしているという訳ではありません。女性であっても、サヌキ性を強く持つとサヌキ型人間となります。

サヌキ性が強ければ強いほど、今の社会においては成功者とみなされる傾向があります。

サヌキ型人間は、自我を主張し、有利に働く能力を先天的に備えています。この傾向を放任すれば、最後は滅亡が必然です。このタイプの性質をどう修正するか、その突破口を見つけ出すのはアワ型人間の根源的力に求めるしかありません。

現代社会はサヌキ型がもてはやされるために、だれしもが周りの人から認められようとし、誰かが権力を持つという構造になりやすい危険な側面をもっています。このような事態になった原因は、人間の欲望が多様化し、国家権力が巨大化し、サヌキ脳がアワ脳を押しのけるようになったからです。サヌキ脳がアワ脳を押しのけるということは、生命的なものが押しやられ、反生命的なものが主流になるということです。

現在、アワ脳は考えられないようなレベルに劣化しています。現代人には、逆序の教えによって、アワの大切さを頭で理解させることが必要で、アワを復活させていく努力をしない限り、滅亡への道をまっしぐらに進んでいくほかはありません。

特に現代人の性に関する無知は著しいものです。性といえばセックス、性欲関係のことしか念頭にない有様です。性に対する正しい認識を失うことは人間堕落の始まりであり、文化退廃の元であることは歴史が証明するところです。

またサヌキ性を無批判に助長する現代の風潮は青少年を害し、人々の幸せを乱し、神経症や性格異常者を生み出す原因にもなっています。

これらを防ぐ最も有効な方法は、一人ひとりがアワ性の開発と鍛錬を心がけ、アワ量の増幅をはかることです。アワ性の開発、アワ量の増幅をはかることは人生の大事な目標であり、個人はもとより家庭としても社会としても、しっかり取り組むべきです。

## ●アワ性が色濃く残る日本の文化

昔から「日の本（もと）は女ならでは夜の明けぬ国」（女がいなければ何事もうまくいかないという意味）といわれてきました。女とは、神話の神様のことをいうのでもなく、肉体の女を恐れたり、拝んだりすることでもなく、われわれ男女のどちらの中にもあるアワ性を鍛えることの大切さを教えていたのです。

日本人が常に他民族の文化を快く受け入れてきたのも、また絶えず自分たちのあり方を反省しすぎるくらい気にして外国人の批判を大きく取り上げ、ちょっとでも辱（はずかし）められると過大に卑下（ひげ）し、ちょっと褒（ほ）められれば誇大にありがたく感じてきたのも、世間を意識し、まわりとの調和を何よりも尊重してきたからです。

そのために様々の弊害が伴ったとしても、日本の社会はアワというものを知っており、日本文化にはアワ性が色濃く残っているのです。アワの悟りを肌身で感得していた古代人は、アワ性の強い人を尊重し、アワ的な社会を作っていました。しかし、次第に時代が経つにつれ、心ではそれを求めながら、頭は反アワの方向へ走り、サヌキ型の科学と社会を作り上げてしまったのです。

しかし、日本人の場合は、潜在的にアワ脳が存在し、アワを大切に育ててきた長い歴史があるので今からでも、アワを鍛錬し、不幸せな方向に行かない努力をすることが可能なのです。

カタカムナ人たちは、「ミ」にイノチの活力をより多く発生させられるイヤシロスベという方法で、心身を健康に蘇らせることを実行していました。

「イヤシロスベ」とは、空気が清々しく清らかなところや地電流の高い場所などで、天然自然が与えてくれる生命力を受けて、弱った生命を賦活（ふかつ）させたり、心や体を癒す回復法のことです。それを現代にも復活させれば、アワの土台の上にサヌキ脳の能力を花開かせることも可能です。

動物たちは、慣れた事をする時でも、一回一回、一足一足、慎重な注意をはらって行動します。彼らよりは進化した機能を持つはずの人間が、どうして思わぬ失敗を繰り返してしまうのでしょうか。

落ち着こうと思えば、かえってあがってしまったり、リラックスしなければならないと思うほど緊張したり、眠ろうとすればするほど眠れなくなる、覚えているはずのことが試験場ではどうしても出てこない、自分の心でありながら、ままならぬのは一体なぜなのか、と思うことがあります。

カタカムナでは、心と呼ばれるものについては、「イ」の心と「ミ」の心と考えます。これは言葉を換えると、潜象であるアマココロと現象であるサヌキココロとも言えると思います。

現代科学でも人間の心が何なのかは、まだはっきりわかってはいません。人間の性は他の動物たちとなぜ違うのか、答えが出せません。人間はだれしもが平和でありたいと願うのに、なぜ人々は戦争を繰り返すのか？

このような昔から誰もが抱いてきた疑問、最も当たり前な、なんとなくわかりながらはっきりと認識するに至らなかった心の中の思念などが、いまカタカムナのアワ・サヌキの解読によって、それらの答えのようなものが、人間が目指すべき目標みたいなものが、形としてはっきり分かってきたのです。これはすごいことだと思います。

## ●フトマニから生まれる真の学問、芸術、文化

大事なことなので、アワ・サヌキについてあらためて述べたいと思います。何かをしたいという意欲を持ち、目的に向かって突き進むのがサヌキで、前後も顧（かえり）みずに飛び出そうとします。

サヌキに対して、それがうまくいくように前に回り後ろに回り、右に左に心を配って、その安全と身を守ろうとするのがアワの心です。

自分の命の支配者は自分だという感覚、これはサヌキで何よりも改めなければならない感覚です。最新の遺伝子学、バイオテクノロジー、クローン的発想などは、サヌキ型思考に基づいています。

これに対して、自分は人間以外の大きな力によって生かされているという感受性をもっているのが、アワの心です。インスピレーションや創造力などはアワの潜象性（直観）に基づいています。

アワの心の本質は、すでに述べたように前駆流にあります。女性は地球の電気を前駆流の力によって、自分自身で受け取ることができる、最も根底的な生

命維持の力を内在しています。電気でいえば、常に電子（エレクトロン）を発生させる力であり、目に見えない潜象です。

現象として現われるのは常にサヌキです。人体の男女の電気も、全宇宙の陰陽の電気も、その本質本性は変わるものでないことをカタカムナのサトリは突き止めていたのです。

性の栄養についても、カタカムナのサトリは画期的です。カタカムナでは、性の栄養こそ肉体的精神的な生命力の増強をもたらす最高のエネルギーだとしています。それは、創造力やインスピレーションの元となるものです。

生物のマイナスエントロピーを得る方法としては、坐禅やヨガ、太極拳などがありますが、サヌキ・アワのサトリに基づく性の栄養は、一層静かな恍惚感、恒常的な知的生産をもたらし、高度な知性美を実現してくれます。

そして、サヌキとアワによる性の栄養の現われは、フトマニが基本です。サヌキ一人でも、アワ一人でも性の栄養は現われません。ひらめきなどもフトマニから発生します。

サヌキ性とアワ性の重合が成就すれば、悟りを得たものとなり、眠れるものが目覚めた状態になります。この冴（さ）えた感覚によって作り出されたものが、真の芸術、真の文学、真の学問技術であり、真の文化を生むものでもあります。男女がめぐり会い、フトマニが成就すると、人間として最高度の幸福感が発生します。

このように、なぜあらゆるものにサヌキとアワの別があるのか、その理由をカタカムナ人はフトマニの物理として明らかにしていたのです。

## ●行き過ぎたサヌキをアワで調和

日々の人間関係においても、相手がサヌキ性なら、こちらはアワ性をもって接すれば調和することができます。相手がアワでくる時は、こちらはその逆を出していくのが一番良いのです。同じ人でも時によって、そのサヌキ性の面を見せる場合とアワ性を出す場合があります。

行き過ぎたサヌキ性を脱皮するには、それを上回るアワ性すなわち高度の生命力が必要です。そのようなアワ性を発揮するためには、それを可能とするだけのエネルギーが与えられなければなりません。

しかし、われわれは認識はなくても知らない間に、それを補給して人間らしい生活を送っています。

ということは、我々の生命力いわゆる感受性と判断力は、それをアマウツシする能力を潜在的に備え持っているということです。すでに述べたように超古代語では、そのエネルギーのことを「アマウツシ、カムウツシ」と言っているのです。

## ●アワ脳の感受性とサヌキ脳の判断性

最後に、実生活におけるアワとサヌキについて説明したいと思います。

実生活において、行為として現われるアワは感受性で、行為として現われるサヌキは判断性です。特に大事にしたいのが、アワ＝感受性です。

感受性とは、物事を心に深く感じ取る働きといえるでしょう。感性とほぼ同義です。

感受性（感性）は生きていく上でとても重要であり、その感性が時代の先を読んだり、まわりの人々を幸せに導きます。直観に秀（ひい）でている人に出会ったらわかりますが、直観に優れた人は豊かな感受性を持っている人が多いです。感受性はつねに磨いていなければいけないものです。感受性に対する精進を怠（おこたる）ると、鈍ってくるのです。

心を澄ましたり、魂を磨いたり、真心を尽くしたりという行為をしているときは、全て感性が関わっています。感受性は、機械やロボットでは持ちえないチカラであり、人間が人間たる由縁でもあります。そういう感性を磨いていくことは、自分自身を高めていけるということです。

今の時代は知識が優先され、直感や勘、感受性というものが、後回しになっている風潮です。

考えてみてほしいです。もし、太古に人間に直感や感受性がなかったら、果たして人類は生き延びていたでしょうか。感性が磨かれていたからこそ、悠久の永い年月に生き残ることができたのだと思います。

これから将来においても同じことだと思います。私たちは感受性をもっと重要視し、もっと磨いていくべきだと思います。

では、アワを増やす、つまり感受性を高めていくにはどうしたらいいでしょう。いろいろありますが、まず頭思考ではなく、体思考に切り換えることです。体を動かすこと、すなわち体振（たいしん）をつくることによってアワは育つのです。思考力を休ませ、動物のように一つ一つの肉体的行動を1日一定時間動かすようにするだけで感受性が高まってきます。
また、知識に左右されたり、感情に振り回されたり、妄想や欲望をぎらつかせないことです。自分の職分に忠実で、誠心誠意自分の与えられた役割を全うすることです。

日本は環境的にも美しい自然、イヤシロチ（地電流の高い場所）が多く残されています。古きよき日本、日本の原風景に触れることによっても、感受性が磨かれていくと思います。自然と共存する町並みや伝統文化やおもてなしの心などに触れることによって、表面的でない奥深い美しさが成長するようになります。

日常生活もおろそかにするのではなく、起居動作において礼儀と作法をわきまえて行動しましょう。困っている人には手をさしのべ、日々の食事が頂けることを心から感謝しましょう。

人間の中には、常に今より進化させようとする本能があります。便利になることも効率が良くなることも、悪いことではありません。便利になり、効率化して空いた時間が生まれたらもっと有効なことに使うことができます。自然に感謝し、生きている奇跡を味わい感謝する気持ちを持っていれば、アワが劣化することはありません。

時々、子どもたちの描く絵が創造性にあふれていてビックリさせられることがありますが、それは子供たちは偏見がなく、素直に創造力豊かに描くからです。私たちも、常にこのような気持ちを持つように心がけていけば、感受性が磨かれていくにちがいありません。

感性が育まれれば、物事を深く見つめることができるようになり、あらゆる人に対しても寛容で思慮深くなれると思います。そのとき、きっと内面のアワ量も何倍かに増幅されていると思います。

## ●これからの時代、アワ量を高めていきましょう

私たちの感受性が弱体化してしまい、代わりに判断力が優勢になり過ぎたことで現代文明は行き詰まり、未曾有（みぞう）の危機に陥っているということが、わかっていただけたことと思います。

もし人間がいなければ、地球は今ほどまでに荒れ果てず、他の動物たちは生命を全うできる地球となっていたことでしょう。ところが、人間は他の動物を

巻き添えにしながら欲望を膨らませ突っ走った結果、地球の存続自体があやぶまれるところまでくるようになりました。これを解決する方法は、アワ・サヌキのバランスを取り戻すこと以外に方法はありません。

幸いなことに日本にはカタカムナ文明があり、大切な思念を変えることなく日本語という言葉をずっと話し続けてきたおかげで、今日この問題に対して解決するすべ（術）、天然自然に対するひれ伏す心が残っています。

天地宇宙の愛と慈しみの心を豊かに感じ取っていたカタカムナ人の子孫として、潜在意識の中に深く刻み込まれた感受性（アワの心）をまだ体内に残しているので、その復活をもって新しき道（アラカミチ）を開く可能性が残されています。

今からでも遅くはありません。一刻も早くアワ性を育てる教育をスタートさせ、同時に一人ひとりがアワ量の増幅をはかっていけば、地球が滅びゆくほどの樹木の伐採や海の汚染、オゾン層の破壊、二酸化炭素の拡散といった地球規模の危機に歯止めをかけ、新しい物理（アラカミチ）が開かれることと確信しています。

| アワ | サヌキ |
| --- | --- |
| アワ型人間 | サヌキ型人間 |
| 潜象性 | 現象性 |
| 生物脳 | 人間脳 |
| 内向性 | 外向性 |
| 環境適応性 | 自己中心性 |
| 子孫の繁栄 | 個体の生存 |
| 生命力 | 生命体 |
| 感受力 | 判断力 |
| 活かされている感受性 | 自分の支配者は自分という主体性 |
| 潜象感が強い | 現象観察力が強い |
| 客観性 | 主観性 |
| 依存性 | 自立性 |
| 親和性 | 対立性 |
| 受容性 | 主体性 |
| 柔軟性 | 排他性 |
| 女性性 | 男性性 |
| 直観性 | 思考性 |
| カゲに徹するココロ | 表に出るアタマ |
| 生命力が満ちる願望をもつ | 放任すれば滅亡に向かう欲をもつ |
| 前後左右に気を配って安全を求める | 前後左右を考えずに目的に向かって突き進む |

| | |
|---|---|
| 子を産める | 子を産めない |
| 耐える力が強い | 行動する力が強い |
| 相手を敬い服従する | 相手を恐れて服従する |
| ひれ伏すココロ | 服従させるココロ |
| 無意識領域 | 有意識領域 |
| 磁気的チカラ | 電気的チカラ |
| 左回り、磁気素量 | 右回り、電気素量 |
| 潜象で共振の能力 | 現実指向性の能力 |
| クローンが出来る | クローンはできない |
| 電気がいつでも充足可能な状態 | 電気不足の状態 |
| 陽電子が電子流の前方に発生する体質がある | 陰電子は電流不足を追う体質がある |
| 鍛錬によって成長させねばならない | 生まれた時に持っている |
| 前駆流を生成できる　前駆流とは女性のみもつ生体電気それを性器から放出する（潜在的前駆流） | 生命力の前駆流を追う本能をもつ |
| 鎖骨の水平性 | 鎖骨の歪曲性 |
| マクミ | イカツミ |
| ミのココロ | イのココロ |
| 生命性（イノチ） | 反生命性 |
| メグリ | マワリ |
| 反電気 | 正電気 |
| 正孔 | 電子 |

# あとがき

離婚の数もひと昔前までは考えられなかった程増え、孤独な子供たちの姿も増えたような気がします。

そんな中でカタカムナでは雌雄のあり方について明解な答えが書かれています。カタカムナ文明における人間の生き方の中心理念であるアワ・サヌキのサトリ、雌雄の悟り、宇宙が定めた男女のあり方について書いてみました。

カタカムナに関する本を手がけて3年にも満たないわずかの間に、世の中はすさまじい変化をみせています。このような時にこそ、カタカムナ文明が表に出て、人間のあるべき姿が示されるべきではないか、その思いがいちだんと強くなりました。

人は自分のあるべき姿を知れば、いまよりもはるかに優れた選択ができるようになります。

そのあるべき姿が実感的にわからないために、人間は大きな過ちを繰り返し、世界はいまだに理想の方向に舵（かじ）を切ることが出来ないでいます。

カタカムナのサトリは難しい哲物理学ですが、あたりまえの天然の摂理を淡々とうたっています。少しでもわかりやすく、今　私たちがすべきことが見えてきたらとの思いからカタカムナを探究する本書をしたためました。

世界にはいまだに解き明かせない秘密や謎が数多く残されています。人間のあるべき姿は何か、というのも、もっとも大きな謎であるにちがいありません。そしてカタカムナではあるべき姿と現在ある姿の差を知る事をサトリという言葉であらわしています。

これからも秘められた謎と秘密を解き明かすべく、楢崎皐月物理学者とその唯一の指名伝承者であられた宇野多美恵先生のカタカムナのサトリを皆様にご紹介していくつもりです。

最後までお読みいただき、ありがとうございました。

天野　成美

**特別付録**

カタカムナ80図象符

**無料ダウンロード**

カタカナ・ヘボン式ローマ字付

# カタカムナが解き明かす　雌雄の秘密

発 行 日　2021年11月18日　初版第1刷発行

著　　者　天野成美

発 売 元　株式会社 星雲社（共同出版社・流通責任出版社）
〒112-0005
東京都文京区水道1-3-30
TEL03-3868-3275　FAX03-3868-6588

発 行 所　株式会社 一（ハジメ）
〒556-0017
大阪市浪速区湊町1-2-17-1001
電話・FAX 06-6586-6638
URL hajime.online

印 刷 所　有限会社 ニシダ印刷製本



ISBN978-4-434-29645-1　C2010